日本国憲法の平和主義

―法律実務家の視点から

清原雅彦
Kiyohara Masahiko

石風社

装画　黒田征太郎

はじめに

日本国憲法には前文があり、その前文ではこの憲法を定めるにあたっての、基本的思想、価値観が述べられている。それは次の三点に纏めることができる。

その一は　国民主権と代表者による間接民主主義

その二は　諸国民との協和による成果と自由のもたらす恵沢の確保

その三は　恒久の平和への希求とその確保

である。

そのうち恒久の平和の確保は、

「平和を愛する諸国民の公正と信義に信頼して、われらの安全と生存を保持」しようという考えであると宣明している。

逆に武力による安全や生存の保持は排斥されているわけである。

では武力攻撃がなされた場合どうすればよいのか。自衛権がなかったら、攻撃国の蹂躙になすがままにされ、国は滅び国民は奴隷状態になるのではないか。その問いに対する答えの前に、次のようなことを考えてみなければならない。

(1) 武力攻撃は理由もなく、また突然になされることはない。

戦争が開始される前には、それを避けるための努力が尽される。当事国間交渉や第三国を介しての和平交渉が必ず事前になされる。通り魔的な形の開戦は歴史上に例はない。特に情報の入手手段が飛躍的に発達した現代では、攻撃がなされそうだ、との情報は相当の確度をもって得られるし、それを阻止する為の和平交渉や活動は事前に十分行なわれる筈である。

(2) 一方、武力により制圧された国は滅亡するわけでもない。

敗戦国であった日本の復興のあとを見るべきである。

ドイツもイタリーも領土を保持しているし、日本は北方領土の返還を求めるまでになっている。国際社会の秩序や思想は未熟乍らも進化している。

(3) 武力による平和の維持

例えば武力の均衡は平和につながるのか。止まることを知らない軍拡競争は、疑いようもなく戦争に向かうものである。その競争に勝利した国の権力者は戦争の誘惑に駆られる。また、集団的安全保障の仕組みは他国の為の戦争に加わることを約束する行為である。戦争の機会が増加することは間違いない。現在のアメリカのような超大国が、イラクに対する不法な開戦をして、それへの参加を求められたら拒否することは困難である。逆に安全保障の集団を構成する他国が攻撃された場合、それを防衛するため送られた軍隊に戦闘意欲は湧くであろうか。と考えると集団的自衛権や軍事同盟による平和保持は、実際には機能しない恐れが大ではないか。

そのように考えてくると、現実論として、武力による平和の維持は、消極的な意味においては一時的には肯定する外ないかもしれないが（肯定するもしないも、国民は一部ではあれ既成事実として肯定させられている）、ただ軍事のみに頼らず、他の手段についても併行して考えるべきである。現実面で軍事力を強化して他国からの攻撃の抑止が出来るとしても、それは暫定措置であり、別途、武力によらない平和の実現を目指すべきである。

武力による抑止のみに平和維持を委ねることは、非軍事的手段による平和維持の努力の放棄を招くことになる。

福岡県弁護士会北九州部会の憲法委員会は、日本国憲法が世界平和を実現することについて、どのような思想に基き、どのように平和を実現しようと企図しているのかという観点から一年間レポートや討論を重ねてきた。その結果我々の学んだことは、以下のことである。

1　平和を求める権利は国民一人一人にあり、それは各人の基本的人権に基くものである。そしてそれは国民が裁判所に訴え出ることの出来る権利である。

2　日本国憲法は平和の実現を国民一人一人に求めている。「しない平和」は国家に対し求められるものであり、「する平和」は国民に対し求められている。

3　NP（ノンバイオレント・ピースフォース＝非暴力平和隊）など既に非政府組織（NGO）＝民間団体が組織的に活躍している。

これは日本国憲法の理念に叶う「する平和」の実例ではないか。このことはもっと知られてよい。

4　日本国憲法の平和条項は各国憲法のモデルとなっており、しかもそれらの中で最も徹底している。国民に対し、そのことをもっと知ってもらうことが大切ではないか。世界の憲法のモデルであるとしたなら、その内容は日本人だけの考えで変更してよいのか、少なくとも、それを変更するとしたら、その及ぼす世界的影響を十分考慮してなすべきでないか。平和条項は最早世界人類の共有財産となっている。

そのような検討から、我々法律実務家に何ができるか、何をなすべきかを考察した。まず、紛争解決の手段として、裁判の手法を採り入れることは出来ないかと考えた。市民社会においては、各種紛争の平和的解決のために裁判の形式がとられている。それは裁判の持つ「紛争の平和的解決」、「公正、公平、正義」という機能とイメージによるものと思われる。そこは力ではなく正当な理論が支配する世界である。

現に裁判の形をとった東京裁判は、紛争の平和的解決の手段とするため、何が前例とされるべきかとの観点から考察の対象とした。

我々が日常用いている裁判や和解の手法を導入すること、また紛争の当事者に双方の主張を整理し誤解や判断の誤まりを指摘したり糺すことにより、紛争の解決や予防が出来るのではないか。そこに法律実務家のセンスやマインドが生かされ実用化される分野があるのではないか、ということにまで検討が及んだ。

一つの結論として憲法改正の議論をするにしても、その根底にある平和思想や、それに基く現実の活動、日本国憲法の国際社会における位置付けをもっと知ることが必要である、ということである。

但し、本書は憲法改正論議の中で判断の材料を提供するが、それに賛成したり反対したりすることを目的とするものではない。むしろ、憲法の平和思想から導かれる平和実現のための多様な手段や実例を研究し紹介すること、それが憲法委員会の使命ではないかと考える。それをまとめたレポートを委員の一人であるわたしが、わたしの責任で出版することになったのである。

それが本書出版の動機であり意義であり目的である。

法律の世界にいる者の著述であるから、自然と難解な用語も出て来て、読みづらいところもあるかと思うが、基本的には特別に難解なことを書いているとは思っていない。熟読して頂ければ理解は十分可能なはずである。

憲法に対する国民の認識が深まり、様々な議論がなされる端緒となることを期待したい。

日本国憲法の平和主義——一法律実務家の視点から◉目次

第一章　日本国憲法の平和主義と国際法上の平和

一　日本国憲法の規定と平和

憲法第九条は、戦争放棄と戦力不保持を明記しているが、国連憲章や世界各国の憲法の平和条項との比較の中でこの第九条の占める地位を確かめる必要がある。その検討を通じ、世界の平和思想の潮流は平和維持の手段としての「武力の均衡」(核の抑止力に頼る、軍事同盟に頼る等) から、「戦争放棄」の方向に向かっているのではないか、ということを考究する。

ただ現実的には武力均衡という点での自衛隊の存在は当面やむをえないとして、将来はそれを縮小し、最終的には実際上の戦争放棄 (諸国民の公正と信義を信頼出来る世界の構築) を目指すことを考えるべきではないか (日本国民は、正義と秩序を基調とする国際平和を誠実に希求する――憲法九条一項――べき責務を負っている)。こういったことをまず検討していく。

ここで「平和」の意味について考えておく必要がある。一般に「平和」とは国と国が戦争をしていない状態である、と考えられがちであるがそれでは不十分だからである。

憲法前文の「平和」に対抗する言葉は、「恐怖と欠乏」(恐怖の中には当然武力や核兵器による威嚇を含む)という構造的暴力であり、「戦争」という直接的暴力だけではない、と言われている。

つまり、平和とは、経済的搾取、政治的圧迫、弾圧、性差別、社会差別、民族差別などのあらゆる差別、さらに植民地支配など社会システムの中に組み込まれている構造的暴力にテロや戦争といった直接的暴力の両方を克服した状態である。これはヨハン・ガルトゥング(ノルウェーの政治学者)の定義で、この定義は広く世界に認められている。そうした考えの中から、

戦争のように直接的暴力のない状態＝消極的平和
直接的暴力だけでなく構造的暴力もない状態＝積極的平和

という定義が生まれた。

そして、日本国憲法は、この消極的平和と積極的平和の両方の実現を目指している、と解釈されている。

そうした平和を実現することを憲法から期待されている主体は、国民一人一人である。た

だ憲法の英語の原文Peopleを「国民」と訳したのは誤訳だという学者も多い。そのまま「ピープル」というのが正しいというのであ。(ピープルが国民なのか、自然人・ナチュラルパーソンなのか、憲法制定時、日本で議論があった、という話もあるが、誤訳と主張する人たちはナチュラルパーソンに近い意味でピープルの語を使っていると思われる。理論的には国家以前の人間ということであるから)。

つまり、国家の構成員の一人である国民の行為でなく、人類の一員としてのピープルによる平和維持活動、それが憲法上求められているとの思想である。

そう考えれば、どの国の国民であれ、「平和」は人類の一員としての責務である、との思想にもつながり、国際的に広がりのあるものとなっていく。

ところで、戦後日本の平和主義は「半分の平和主義」と言われている、それは「しない」平和主義と「する」平和主義という「平和」に対する二つの考え方からである。この考え方だと、これまでの日本の現状は「しない」平和主義(非核三原則、持たず、作らず、持ち込まず、が典型例)を実践しているに過ぎない。

それでは「平和」に対する態度として不十分である。何故なら日本国憲法は国民である前のピープルに対し、「しない平和主義」だけでなく、「する平和主義」を尽くすことを求めているからである。

このような見地から、国際社会（国際法、国連）において、「平和」や「平和の保持」はどのように論じられ、実現されようとしているのかを考えてみたい。

ここで整理しておくことにする。

憲法は第九条で戦争放棄と戦力不保持を定めているが、これは政府に対し戦争を「しない」、戦力は保持「しない」義務を課しているもので、それは政府（または政治権力保持者）に対する義務である。これを「しない平和」というのであるが、他方、憲法は国民に対し平和を保持するための努力や行動を求めているという考えである。つまりこれが「する平和」である。具体的には先に挙げたＮＰの活動や九条を守る会やそれに伴う平和運動、自衛隊の海外派遣が憲法に違反するとして国民が国を相手に訴訟を提起する等の行動である。

いつの世も戦争をしたがり、そのために国民を煽るのは権力者であり、戦争による惨禍に苦しめられるのは国民である。国民は政府や権力者に対し、戦争を「しない」ことを求めるばかりでなく、更に進んで積極的に平和な社会を構築するための不断の監視や努力を「する」という考え方が必要である。

国民はこれまで、ややもすると、戦争をするのは国である、だから国に戦争をしないように求めておけばそれで十分だと考えがちであった。しかし、それは「戦争の無い状態が平和」であるといった一面的な考え方であることは言うまでもない。それは「しない平和」という半分の平和についての考えに過ぎない。ピープルとしての国民には全的な平和構築のために積極的に行動すべき、即ち残り半分の「する平和」のために尽くすべき義務が認められるのである。

註〈日本国憲法前文〉

日本国民は、正当に選挙された国会における代表者を通じて行動し、われらとわれらの子孫のために、諸国民との協和による成果と、わが国全土にわたつて自由のもたらす恵沢を確保し、政府の行為によつて再び戦争の惨禍が起ることのないやうにすることを決意し、ここに主権が国民に存することを宣言し、この憲法を確定する。そもそも国政は、国民の厳粛な信託によるものであつて、その権威は国民に由来し、その権力は国民の代表者がこれを行使し、その福利は国民がこれを享受する。これは人類普遍の原理であり、この憲法は、かかる原理に基くものである。われらは、これに反する一切の憲法、法令及び詔勅を排除する。

日本国民は、恒久の平和を念願し、人間相互の関係を支配する崇高な理想を深く自覚するのであつて、平和を愛する諸国民の公正と信義に信頼して、われらの安全と生存を保持しようと決意した。われらは、平和を維持し、専制と隷従、圧迫と偏狭を地上から永遠に除去しようと努めてゐる国際社会において、名誉ある地位を占めたいと思ふ。われらは、全世界の国民が、ひとしく恐怖と欠乏から免かれ、平和のうちに生存する権利を有することを確認する。

われらは、いづれの国家も、自国のことのみに専念して他国を無視してはならないのであつて、政治道徳の法則は、普遍的なものであり、この法則に従ふことは、自国の主権を維持し、他国と対等関係に立たうとする各国の責務であると信ずる。

日本国民は、国家の名誉にかけ、全力をあげてこの崇高な理想と目的を達成することを誓ふ。

〈日本国憲法第九条〉

日本国民は、正義と秩序を基調とする国際平和を誠実に希求し、国権の発動たる戦争と、武力による威嚇又は武力の行使は、国際紛争を解決する手段としては、永久にこれを放棄する。

2　前項の目的を達するため、陸海空軍その他の戦力は、これを保持しない。国の交戦権は、これを認めない。

二　平和に対する国際法の現状

国際法はどのように成立するのであろうか。

国際法の現状を知る為には、国際法がどのように成立したかを確かめねばならない。

その一は、前例の積み重ねとそれに基き成立していると、一般に承認されているいわば慣習法である。

但し、成立しているか、どんな内容で成立しているか、というあいまいさが残る。その為国際法学会が決めつける（法として成立している、等として）ことになったり、国の権力者が決めつけたりする現象は当然起こりうる。

その二は、国連総会で決議した内容を各国が批准する方法がある。

ただ、全ての国家が承認しない場合があり、全国家を拘束する国際法の立法手段としては欠陥あり、と言わざるを得ない。

その三は、各国で合意を成立させる（条約締結および国内の批准）方法である。

以上のように、各国が効力を有する、即ち拘束力のある国際法と認めないものは、我々も実在する国際法と認めることはできないのである（国際司法裁判所の判決は強制的に国際法の存在を認めさせるものではあるが、その裁判そのものが当事国の合意がなければなされない）。

その中において、国際法上、全ての戦争は許されない、又は、違法であるという法が成立しているか、ということが問題である。

そのような法が国際法上「成立している」と肯定する意見は見当たらないようである。

然し、その法の成立を目指す努力が必要であることは疑いない。また、国際法学者の多くが、全ての戦争を違法化しようとして研究努力している。

そのような、戦争抑止理論の歴史は後に概観する。

そこで以下検討するに先立って、「戦争」とは何か、ということの考察がまず必要である。

戦争とは、狭義においては、国家と国家の間で、宣戦の布告をして武力（軍事力）を行使し、敗北や勝利宣言（当然、それは実態に合うものである必要がある）によって終了するもの、ということになろうか。当然宣戦布告の前には、紛争解決のための外交交渉があるのであるが、議論を分かりやすくするためそのことは暫く措いておくことにする

宣戦布告と敗北、勝利の宣言までの間は、戦争状態であるから、殺戮や破壊については責任を問われない、として免責されるといった捉え方がなされることがあるが、その免責は戦勝国側に限られ、敗戦国には賠償責任が残り、通常講和条約の主要な内容とされる。ただ、これは国家間の責任であり、戦勝国の個人の被害を敗戦国が直接的に補償するものではない。ましてや、敗戦国の被害、敗戦国の国民一人一人の損害を戦勝国が賠償することなどは全く問題にもされてこなかった。

然し、法理論として考えれば、戦勝国に賠償責任が何故生じないのか、検討する必要があるのではなかろうか。ひいては戦争行為の法的検討が何故これまでなされなかったのか、考えてみることも必要ではないのか。

そこで以下、思い付くままに問題点を列挙してみる。

一　宣戦布告に前述のような免責を導く法的効果を認めるのは問題である。

破壊や殺戮はどのような理由を付けても絶対に許されるべきではない。従ってその行為免責の論理が用いられるのは法律家の立場からは容認すべくもない。人は生まれながらに人として尊重され人として生きる侵すことのできない基本的人権を有しているからである。

二　戦争を前述の如く宣戦布告によって始まる国家間の武力行使といったような狭義に解するのは実情に合わない。それは第一次大戦以前の戦争観に立脚するものである。

現在、アフリカなどで、或いは近い過去でのバルカン半島でのＮＡＴＯ（北大西洋条約機構）の武力行使、アメリカによる湾岸戦争、イラク戦争、アフガン侵攻等での武力行使の実際を見ると、もはや過去の宣戦布告によって始まる戦争観はあてはめられない。また現代の戦争においては武力の歴然たる格差が認められ、対等、互角の戦争観に立脚する理論をあてはめることも出来ない。今求められているのは、一切の武力紛争を対象とした、そしてそれを抑制する法理論である。

三　その法理論として以下提言する。

国際法上、国家間のあるいは民族間の紛争を解決する手段として武力を用いることは一切許されない。との法が国際的に確立されるべきである。

それは可能であろうか。このことに関する問題点を以下検討する。

(1)　国家の他、民族を加えるべきである。

現代の武力紛争は国家というより民族（多くは宗教とも重複している）が主体になることが多いからである。

(2)　武力的手段には二つの考察すべき意味があると考えられる。

その一は、国際紛争で用いられる武力の意味である。

その武力は、権力により組織された軍隊と武器であるが、それが国家的規模であってもこれを動かすのが国家権力ではなく、民族的指導者であったりすることがある。それらを対象外にはできない。

その二は、紛争解決手段として、武力を行使する意味である。

紛争解決の手段というが、武力攻撃を開始することが即ち紛争なのであるが、ここではある政治的欲求を充たすための手段として武力を用いるという意味である。

それは、利権や領土の奪取であったり、反対勢力の打倒であったりする。更に大国が裏面から利権や領土欲のため勢力の対立を煽ったり支援して代理戦争をさせる場合があり、そのことも含める必要がある。

(3)　武力行使は一切許されない、とするが、自衛権だけは認めたい、との根強い欲求がある。

然し、種々の戦争や紛争は「自衛のため」との名目で行なわれ、その定義は極めてあいまいでかつ恣意的に用いられていることは歴史の示す所である。

仮に自衛権を認めるとしても、原則武力行使を禁止し、一般の刑法において認められている正当防衛理論に基いて例外的に極めて厳格な要件のもとに、必要最小限の自衛の為の武力行使（戦争を認めるのではない）のみを認めるのが相当であると考える。

ここで正当防衛は基本的に「不正」対「不正」の理論であることを忘れてはならない。暴力等通常は不正とされる行為が許されるのは、対するものが急迫不正な侵害であるからである。その侵害は具体的な脅威、即ち領土や領海、領空への侵入が既になされるか又はそれが確実に迫っていると認められ、かつ、それは自国と国民に対する殺戮と破壊に直結する具体的な危険性であると認められなければならない。これを国際法上確立させる努力をする必要があると思う。この理論を用いると、例えば尖閣諸島に他国軍が上陸したとしてもただちに国民の生命が奪われる危険が生じたことにはならないと解釈される。竹島は既に実効支配されて久しいが、そのことによって日本国民の生命が脅かされているとは言い難い。

私は更に進んで、自衛権の行使即ち自衛の為の戦争・武力行使は国家に固有の或いは自明の権利ではないのではないか、と考えている。

このことについては後に自衛権の検討として再論することにする。

(4)　更に進んで、武力の保有も禁止する思想が必要である。

米国は核やハイテク兵器を保有し、世界で群を抜いた軍事大国である。そして、それ自体が世界中の脅威になっている。その保有を禁じる必要がある。

現実面では、米国は自らが核を保有しながら、他国の保有を認めない。それは余りに身勝手で説得力がない（日本では国家としてのみならずマスコミすらこのことを問題にしないが、それ自体アメリカの脅威に屈服していると言えまいか）。

現実を見ると、各国は強力な武力を保有し、それを背景にして発言力を強めようとする（中国、北朝鮮、イランなど）。このことについてルーズベルトの、「穏やかに話せ、然し、大きな棍棒を持て」という言葉が想起される。

即ち、敵対する国を抑圧するのに有効な方法は、大声や激しい言葉ではなく、いつ怒らせて武力を行使されるかも知れないとの恐怖感を相手に与えることである、というのである。国際社会の発言力は武力に比例する、というのが一面では現実である、とすれば、それは改善さるべきである。

その軍拡競争や考え方は極めて危険であり、理性では歯止めの効くものではない。武力を背景としない発言が自由にできる国際社会や自由に議論の出来る国家間の環境の樹立が求められる。

(5) 最後に戦争についての所感。

一般に戦争は、互角、五分の戦いを前提に考えられている。然し、前述したように湾岸戦争や米＝イラク、米＝タリバン（アフガン）の戦闘を見ると、米国は瞬時に相手戦力を紛砕していて、とても戦争という名に値しない。むしろ、一方的な武力制圧であり、暴力というべきである。

このような武器（核兵器も含めて）を開発すること、それを行使しようとすること、その脅威によって相手を黙らせること、それらは野蛮なことと言わざるを得ない。

三　全ての戦争の非合法化は出来ないか　——基本的人権との関連で

侵略や制裁や自衛といった区別なく全ての戦争は違法である、とするのは「戦争の非合法化」の試みである。

これまで、国際法の世界では、戦争による相手国に対する殺戮や破壊は（正面からそれらが合法と断じることはなかったかもしれないが）少なくとも違法とはみなされていなかったと言える。

過去の戦争において、戦勝国は敗戦国に対し、略奪や国民の奴隷化、領土の獲得を当然視してきた。そのことの延長として、戦勝国に賠償をさせられるということを以て敗戦国の戦闘行為を違法視するとの考え方に向かっていると見なせないわけではないと思われる。ただ、それは違法な戦闘行為を主たる理由として賠償責任を負わせるといった理論が、明確に意識されていたというより、勝者の当然の権利即ち戦利品といった意味の方が強かったと思われる。

戦争の非合法化の理論的論証を目指すには、「戦争はなぜ違法なのか」という根本から出発する必要がある。そして、その鍵は基本的人権にあると考える。

人間は生まれ乍らに基本的人権を有している。それは国家によって与えられるものではない。基本的人権を持つ人間が国家を作っているのであるから、国家が国民の基本的人権を尊重すべきことは当然である。

国家間の戦争の場合、両国の国民共に基本的人権を持っている。そして、その両国民の基本的人権には、「平和的生存権」が含まれるのである。戦争を開始したら相手国の国民の人権を侵害しても違法ではないのか、戦争であっても基本的人権を尊重すべきではないかという視点が必要である。宣戦布告したら、相手国の国民の人権は尊重しなくてもよくなるのか、それは何故かと考えると、宣戦布告にそのような効力が認められることはありえないことがわかる。

仮に自衛の為に開戦やむなしとしてある国が宣戦布告を発すれば、当然相手国からも自国民に対する攻撃がなされる。それは自国民の権利が侵害されることを惹起し、それを容認することでもある。その為には、自国の国民の人権が侵害される行為を国家が行なうことが出来る、といったことを理論上認める必要がある。国民の人権即ち国民の生命財産を守るべき立場にある国家がそのような行為をなしうるということは、自国民が他国の攻撃によって生命身体財産を危険に晒すことを容認する権限を持つ、との理論とならざるをえないが、そのような理論は成り立つ余地がないのは明らかである。

日本国憲法の平和理論はそのことを明証している。

まず、日本国憲法前文は、「日本国民は、正当に選挙された国会における代表者を通じて行動し、われらとわれらの子孫のために、諸国民との協和」によってもたらされる成果と自由のもたらす恵沢を確保し、戦争が行なわれないよう努力することを決意をしたうえで、「主権が国民に存することを宣言」して、第十一条で「国民はすべての基本的人権の享有を妨げられない」と定めている。更に前文には、「われらは、全世界の国民がひとしく恐怖と欠乏から免かれ、平和のうちに生存する権利を有することを確認した」うえで、「いづれの国家も、自国のことのみに専念して他国を無視してはならない」との観点に立って「平和を愛する諸国民の公正と信義に信頼して、われらの安全と生存を保持しようと決意し」、第九条で戦争の放棄と戦力の不保持を定めているのである。他国の国民の人権を侵害する戦争をすることは、どの国についても違法とする理論が基本とされていることは明らかである。

次に自衛のための戦争が日本国憲法上合法であるか否かを検討する必要がある。その検討をするには、まず、自衛権ということをどう捉えるか、それが問題である。自衛権については国民一人一人の自衛権と国家のそれは区別して考えるべきである。即ち他国から、自国民が、軍隊組織により攻撃された場合、それに抵抗するのは（例えばレジスタンスの如き抵抗）国民個人の自衛権の行使であるが、それに対し、国家がその国民を守るため軍隊や軍事組織で反撃をする行為は区別して考える必要がある。国民の安全を守る為の武力の行使は国対国の戦争に発展しかねないからである。その意味で国が領土や国民を守るため他国の武力攻撃に反撃することは、自衛のためのものであるとは言え、戦争の一形態と言える。

ただ、自衛の為の必要最小限度の武力の行使に限って容認しよう、そのため必要な限度で武力（軍備）を保有することも容認しよう、とする考え方は当然あり、現日本政府もそういう立場と思われる。然し、必要最小限度の自衛の認定は極めて困難であるし、困難だからそれに乗じて拡大に次ぐ拡大解釈がなされることは歴史上数え切れない程の例がある。東京裁判で東條被告は太平洋戦争は「自衛のための戦争」であったと主張したし、過去自衛のための戦争を主張しなかった戦争など見出すことは出来ない。逆説的に言えば、当事国にとって、過去の戦争は全て「自衛のための」戦争と言うことが出来る。

このことは、正戦、聖戦、人道の為の戦争、自衛の為の戦争、という如何なる名目、理由によろうと全ての戦争を違法化、非合法化する必要があることを示している。

では一切の防衛行為が許されない、ということになるのか。そうではない。個人や民間レベルの防衛行為や抵抗は当然許される。個人としての正当防衛行動である。しかし国家が組織的に、軍備などを整えて防衛行為を行なうことは次元の異なる問題ということである。国家による軍事活動は、如何に自衛、防衛と称してもそれは戦争であるとして許すべきでないし、それは日本国憲法が認めないことである。日本国は平時において国際協調や和平交渉その他武力によらない平和的方法によって武力攻撃を受けることを回避する努力をすべきであるし、不断にその努力を尽すべきこととされているのである（日本国はその努力を十分にしているのか疑問である）。

ここで繰り返し述べるが、自衛、防衛というとき、それは国民個人の自衛が許されることと国がその防衛をするため武力行使することは同一でないので、区別して議論すべきことである。然し、その区別がなされず、それを混同する議論がなされていて、そのことから国の自衛権は国家成立と同時に固有に存在するかの如く考えられていることに問題がある。それは、国民個人には当然の又は固有の権利として認められるが、国にそのような固有の権利はないということである。個人の防衛権は歴史上、刑法の出現時から認められる自然法的な基礎を持っているが、国の自衛権は、国民が付託しなければ生じえないものであって、王権神授説や天賦人権説のように権限そのものの成立が自明のものとは言い難いのである。しかし、ピープルが国家に権限を与えて初めて国家が成立するのであるが、そのピープルは戦争をする権利、それは対戦相手国に自国民の生命、身体、財産を攻撃することを認めることと表裏の関係にあるから、ピープルは国家にそのような権限を与えているはずがない。即ち国家に自明の理として、固有の自衛権を持っている、とは言い難いのである。

自衛と称して、他国からの侵入を武力により抑止しようとすることは日本国憲法の理念に反するし、その意味では武力の不足をアメリカ等他国の軍事力によって補おうとすることも米軍基地を置かせることも同様に日本国憲法の立場上容認できないことである。

また自民党が武力行使の制限緩和をしようとしていることを示す自衛隊の新たな任務についてはどうか。つまり自衛権の行使又は集団的自衛権の行使として認めようとしている四類型について検討してみる。

1　アメリカの軍艦が攻撃された場合、併進中の日本国自衛艦が相手国に対し武力を行使するケース。

日本は攻撃されていないのだから武力を行使すべきではない。何故なら、攻撃国に日本を攻撃する口実を与え、戦争に発展する。日本は攻撃国とアメリカの仲裁役となって和平のための努力をすべきである。普通例えば友人と食事中、その友人に暴行を加える者が現れたとしたらどうするか、まず止めに入るのが常識ではないだろうか。いきなりその暴行に対し暴行で対抗するのは非常識である。

2　アメリカに向かって弾道ミサイルが発射された場合、それを迎撃するケース。

同じ理由で攻撃すべきではない。例えば、沖縄付近で北朝鮮のミサイルを撃墜したら、北朝鮮は日本から攻撃された報復として北海道をミサイル攻撃するといった具合に、日本全土が攻撃対象とされる。

3　国際的な平和維持活動（ＰＫＯ）での武器使用。

日本は多国籍軍に入っていないのだから部外者として行動すべきで、中立を守るべきである。

4　ＰＫＯに参加している同盟国の軍事的後方支援。

3と同様中立を守るべきである。

以上のように日本国憲法の平和主義を貫徹するためには、中立を守り、多国間の武力紛争について、どちらの側にも加担することなく、また、日本への武力攻撃を招くような口実を与えることも避けるべきである。もう一つつけ加えれば、日本が介入することで、直接の紛争国間で解決すべき問題の事後処理が複雑化することになる。

それと、仲介役はいわゆる丸腰でなければならない。和平の交渉は武力を背景にしては出来ないし、また武力を背景にすべきではない。

四　戦争抑止の理論の歴史概観

ここで、世界史的視野の中で、戦争抑止理論がどのようにして発展してきたかについて概観を試みる。

1　中世から近世

近代正戦論の成立（グロチウスの論。始まりはトマス・アクィナス）。

戦争の原因として防衛、回復、刑罰をあげ、それが目的なら正戦、それでないものは不正戦とした。

ただ、それなら両当事者に正戦の理由あり、とされる場合がありうる。また、誤解や無知から正戦と信じる当事者も出て来る。

そこに戦争抑止理論としての限界がある。三十年戦争（一六一八年～一六四八年）の反省から、この論が生まれたとのことである。

2　法実証主義時代

一定の手続をふんで行なわれる戦争は何れも正当、開戦後の当事者の立場は平等とし、当事者が権利侵害をめぐり利用可能な手段として（調停や交渉等の手段と共に）戦争を位置付けた。

戦争を政治目的実現の一手段とみるので、また宣戦布告の手続を踏めば戦争は殺戮や破壊ではあるが、相手と対等なのだから違法ではない、ということになる。

つまり、正戦論からの後退である（戦争の目的や理由に正当性は求められていない）。

3　このような正戦論の衰退後の理論を埋める理論

無差別戦争観

戦争を正戦、不正戦というように区別することを諦める。

そのかわり、戦争の遂行方法を律しよう、とする考え方が台頭する。

戦争違法化への動きはポーター条約（ドラゴー主義・一九〇七年）に始まる。

自国の国民に対し債務を負う国が債務不履行をした場合にのみ戦争（武力行使）が許される。それ以外の理由による戦争は違法、という考え方で戦争違法化の思想の萌芽とされる。その後ブライアン条約（一九一三～一四）では、仲裁や調停が行なわれている間は武力行使できない、という考え方が現れ、国際連盟でもこれが採り入れられる（戦争モラトリアムというものである）。

4　国際連盟（一九二〇～一九四六年）

規約上、紛争については、仲裁あるいは連盟理事会の何れかに付託する義務（平和解決義務）を定め、これに違反した戦争は違法とする。

これを基本とする諸制度が定められているが、要は戦争を制限はするものの、戦争一般を違法とするまでには至っていない。

5　パリ不戦条約（ケロッグ＝ブリアン条約）一九二八年

この条約は、戦争を違法として禁止するものの、自衛の為の戦争を権利として留保し、かつ自衛の為の戦争の判断は各国に委かされる、といった不徹底なものであった点で抜け道があり、調印した各国もこれを真剣に守るとの考えはなかったとも言われる。

6　国際連合憲章二条四項

武力の行使のみならず武力による威嚇も禁じている（報道でよくみるような、大規模軍事演習はこれに該当するのではないかと疑われる。またその演習は威嚇と同時に挑発でもある。非常に危険な行為である）。

例外として、安全保障理事会の決定による集団安全保障上の措置と国家の自衛権の行使を認めている。

そのうち、集団安全保障制度で予定される強制措置の中で軍事的措置が発動される要件として、「平和に対する脅威、平和の破壊又は侵略行為」の存在が安全保障理事会で認定されることが、定められている（三十九条）。

東京裁判の「平和に対する罪」に通じるものがあると同時にその概念、特に外延が不明確であり、安全保障理事会の恣意的決議を許す、として非難されている。

なお、四十条には、暫定措置（仮処分的）の定めもなされている。

概観すると、世界各国を律する国際法上、武力行使を全て違法とする法は確立されていない。但し、見方を変えると、武力行使が許される場合はどのような場合か、という形での議論が進められており、これは武力行使を原則違法、とする考え方を基本としているといえる（「原則違法」ということをあいまいにして、周囲から固めている、といった所か）。

第二章　国際連合憲章及び各国憲法の平和条項

一　国際連合の成立

(1)国連は第二次世界大戦の悲惨な結果を経て、二度とそのような惨禍を招来することのないようにする、との発想から生まれた。

その憲章の平和条項を以下検討する。

ただ、安全保障理事会の常任理事国に全員一致原則（拒否権）を持ち込んだこと、即ち戦勝五ヶ国の特権を残したところに問題があり、今や同委員会の機能を奪っている。それにかわって権限が小さく見えた総会が思わぬ機能を発揮している（決議で各国を拘束できる機能としては大きな力はないが、国際世論を喚起構成する力がある）。

国際連合の成立までには三つの大きな流れがあったという（明石康氏『国際連合——軌跡と展望』岩波新書）。それは次のような流れである。

（第一の流れ）

ナポレオン戦争後。一八一五年ウィーン会議で各国首脳は「ヨーロッパ協調を作り平和維持のため会議外交を行なった。その結果、その後約一世紀ヨーロッパは戦争のない世界となった（「ヨーロッパ協調」は条約なのか、単なる合意や方針を定めたものにすぎないのか、あるいは、「ヨーロッパ協調」という名の定例外交交渉でなく、複数の国の会議の場で紛争防止の議論を行なったこと、と解されるが、詳細不明）。

これが現在の国連安全保障理事会の源流になったとみられる。

（第二の流れ）

ロシア皇帝主導で開かれた二回（一八九九年〜一九〇七年）のハーグ会議。第一回二十六ヶ国、第二回四十四ヶ国が参加（ヨーロッパの殆んどの国）、国際紛争の平和的処理や戦争法規について協議した。現在の国連総会の起源とも見れる。

（第三の流れ）

十九世紀中頃から始まった、食糧、農業、郵便、保健など各国の国境を超える問題につき協力し合おうという動きが別にあった。

これらは国連の作った、現在の幾つかの下部組織や専門機関、食糧、農業、文化、教育、科学、保健、労働などの機能的国際組織に反映している。

(2)　国際連盟の成立

十九世紀の多国間主義はヨーロッパ協調（裏返せばどの一国の力でも平和を保持させる力がない、ことの自覚である）として現れる。

そこにアメリカが台頭し、ヨーロッパ強国間の力のバランスに変化をもたらし、遂にはアメリカが強国の中心となり始める。

当時のアメリカの大統領はウイルソンである。第一次世界大戦中から国際連盟創設に向けての動きが始まり、大戦終結後の講和会議でウイルソンは国際連盟部会の委員長の地位を自ら求め、イギリスと協調し、諸国をリードし米英案による国際連盟を創設した。

大国による常任理事会と非常任理事国、全加盟国による総会（全体会議）の基本的なものは国際連合に継承されている。

その他に、国際連盟が平和的解決の為に行動中は、各国は戦争に訴えてはならないとされている。

ウイルソンは、権力政治、勢力均衡による平和が戦争に至る危険性をはらむ考え方であるとしてこれを排し、国際社会に、法による支配、紛争の裁判所での解決、違法行為は国際警察力で規制する、等のことを提唱した。然し、あまりに理想主義的であった。

中でも連盟規約第十条は国連憲章第二条四項に引き継がれ、憲章の核心条項となっている。それは「連盟国は、連盟各国の領土と独立性を尊重し、(中略)領土の侵略(その脅威も含めて)のある場合、連盟理事会は、本条の義務を実行すべき手段を具申するものとする(この表現が英米法系の表現のあいまいさ、分かりにくさ(拙劣さ)を感じさせる。加盟国の連合軍の派遣を念頭に置いたもの、と解釈する)。」いわゆる連盟、連合の多国間主義である(多国間主義に対比する概念としては、単独行動主義、二国間主義がある)。


ウイルソンの提唱した多国間主義は、アメリカの大国としての立場や権益の擁護とは究極的には相容れない理想主義ということになる。民主主義の抱える矛盾もある。つまり国民は国益を優先せよと求め、従わねば、選挙での敗北につながる。そうして理想主義は理解されず現実主義の前に敗れることになる。民主主義の欠陥(衆愚政治)とも言える。

そのためか、ウイルソンの多国間主義も、国家を超えた平和主義ではなく、アメリカを中心とする多国間平和主義であった、と言われている(それは、単独行動主義にもつながる思想、アメリカ至上主義、世界の「警察官」の考え方にもつながる)。

その間フランスは、国際連盟は自前の軍隊を持つべきだ、と主張したことがあるが、ウイルソンは英と協調して全力を挙げてこの案に反対した（米英対仏の主導権争いと、軍に対する支配を確保したい、とする米国のエゴイズムが見え隠れする）。

一九一九年四月二十八日、連盟規約は総会で承認される。本格的国際機構の誕生である。協調（合意）によるのではなく法の支配に基く国際間秩序の確立を目指した点が注目される。

然しアメリカ議会で、ウイルソンの多国間主義は支持されず（規約案は批准されなかった）国際連盟へのアメリカ加盟はならず、これが最大の問題点であった（多国間主義はアメリカの主権を制限し、アメリカの軍隊は他国の指揮下に入る。それでもよいのか、という反対派の主張が通ったのである）。

(3)　国際連合の創設

アメリカのハル国務長官らは一九四〇年頃から国際関係の中で、世界機構――法の支配による――を訴える。

当時のアメリカ大統領はフランクリン・ルーズベルトであった。

一九四三年八月、アメリカの国連憲章案が出来る。大国に特権（拒否権）を認める安全保障理事会を中心に置くものであったし、中国はアメリカに追従すると期待されたが、後に共産主義化した為目論見が外れることになる。

「武力の行使の禁止（禁止を防止と表現しているが）。安全保障理事会が任務遂行としてなす武力行使（強制手続）を除き」の規定も現れる。

これは、武力行使は原則禁止だが安全保障理事会の構成国は例外として武力行使が許される場合がある、ということになる。ただ留意すべきことは、安保理常任理事国には拒否権があるから、その内の一国が侵略戦争を起こした場合、安全保障理事会の制裁行動は否決され常任理事国の武力行使は放任される結果となる。つまり安全保障理事会が「任務遂行」としてなす武力行使は、小国に対してのみ発動されるということである。これはルールとして重大な欠陥を内包していることになる。

こうした中で平和維持を構想するにあたっての根本思想としては、協調による秩序か力の支配による秩序か、の選択が迫られる。

それは、協調によるとの思想は多国間主義であり、支配によるとの思想は大国（米、英、ソ、中）の力による支配、「四人の警察官」構想、ということである（自由、人権、法の支配といった思想や用語は出現していない)。

アメリカには、理想主義や覇権主義そして自国の国益(軍隊を世界平和の為に手放すことはしたくない)といった複雑な利害の間で揺れ動く思惑(しかも、それは対立政党との間での選挙戦にさらされる。国民は賢明な選択をするとは限らない)が感じられる。他方、ソ連はあくまで国益に徹し現実的であった。

(4)　国際連盟・国際連合の設立に至るまでの米国の態度

①　米国は多国間主義によって立つ機構の設立を目指し強力に推進しつつ、他方では大国としての権益と行動の自由(設立した後の機構からの束縛の拒否)をどう守るか、という難問に直面し、ゆれ動く。

②　米国の唱えた多国間主義は、世界をリードする米国の大統領としての自負と共に歴史に名を残したいとの野心からの理想主義であったのか。ウイルソン大統領、ルーズベルト大統領らの個人プレーによって推進される多国間主義は、選挙民である国民からは、常に国の権益やヨーロッパ諸国の中でのリーダーシップの保持(米国民は世界ナンバーワンの国民でありたい)という現実的要求をつきつけられた。

それは同じ理屈の主張であっても、他国の主張なら排斥する、という態度に現れる。例えば、連盟が自前の軍隊を持つべきだ、とのフランスの主張に対し、米国は、自国の軍隊が他国の指揮下に入ることになるとして反対したことが好例である。ソ連の主張なら露骨に排斥している数々の事例がある(日本も人種間の平等条項を入れるよう求めたが斥けられている)。

③ 米国の抱える矛盾は、その矛盾が現れることはよく理解出来るとしても、解決の途もない。つまり、理想を掲げて突き進む指導者、その理想は非常に望ましいものではあるが（その実現の為に国民は犠牲や我慢を強いられる）、指導者と同じ理想を国民の大多数が持つことが困難な場合、矛盾の解消は難しい。そしてそれは間接民主主義に内包されるディレンマである。

即ち、高い理想を掲げて進むためには、そのリーダーは強大な権力を持つ必要があるが、情報化社会では、カリスマ的独裁者が出現するのは極めて困難である。民主主義は常に衆愚政治という評価と表裏一体である。

二　国際連合憲章の中の平和条項

(1)　国連憲章前文は「二度まで言語に絶する悲哀を人類に与えた戦争の惨害から将来の世代を救」う決意のもと国際平和と安全の維持のため「力を合わせ」努力を結集する、と誓っている。

「力を合わせ」という意味は第一章第一条に「国際の平和及び安全を維持すること」を目的に掲げ、平和に対する脅威や平和の破壊がある場合には「有効な集団的措置」をとること、そのような国際紛争については、「平和的手段によって解決」する、という条項につながっていくのである。

註　国際連合憲章第一条　国際連合の目的は、次のとおりである。

1　国際の平和及び安全を維持すること。そのために、平和に対する脅威の防止及び除去と侵略行為その他の平和の破壊の鎮圧とそのため有効な集団的措置をとること並びに平和を破壊するに至る虞れのある国際的の紛争又は事態の調整または解決を平和的手段によって且つ正義及び国際法の原則に従って実現すること。(2以下省略)

その中での「有効な集団的措置」としては、経済的制裁等の決議などの他、国連軍の如きものを組織しての武力行使も含まれる。とすればその場合、ある国対他の全ての国連加盟国間の武力衝突を想定すべきことになる。それは広い意味での集団的自衛権の容認である。実際に第五十一条は個別的又は集団的自衛権を固有の権利と認めている。

但し、安全保障理事会における常任理事国の拒否権行使があるため、そのような事態が現実に発生することは極めて稀であろう。

然し、理論的には国連のシステムにおいても、平和維持の思想としては、その根底には武力の均衡に依る思想があり、かつまた自衛の為には武力行使が許される、との思想もある、ということが重要である。

これに対し日本国憲法は、武力の保持を否定するので、武力均衡による平和維持の思想は存在しないし、戦争放棄の宣言からは自衛の為の戦争も許されないことになっている。

註〈国連総会〉総会は審議機関である。全ての加盟国は一票の投票権を持つ。平和と安全保障、新加盟国の承認、予算のような重要問題については特別決議として三分の二以上の多数決による。

憲章上に定められた権限は、国際平和と安全を維持するための協力についての原則を審議し勧告を行なう（軍縮、軍備規制の原則含む）。

また、安全保障理事会で審議されている場合を除き、国際平和と安全に関する如何なる問題についても審議し、勧告を行なう。

過半数の同意を得れば一ヶ国であっても臨時総会の招集を請求できる。

〈安全保障理事会〉国際平和と安全に主要な責任を持つ理事会である。

常任理事国五、非常任理事国一〇の一五ヶ国で構成され、常任理事国は、米、ロ、英、仏、中で、非常任理事国は二年の任期で総会が選ぶ。実質事項の議決には常任理事国全てを含む九理事国の賛成が必要である。常任理事国の内一ヶ国でも反対（棄権は含まない）すれば可決されないことから、その反対権は拒否権と呼ばれる。

任務は、紛争を平和的手段により解決するよう当事者に要請したり、国際的摩擦に導く恐れのある全ての紛争若しくは事態を調査し、適切な調整の方法若しくは解決の条件を勧告したり、平和に対する脅威若しくは侵略行為の存在を決定し、とるべき行動を勧告する権限を有する。

特に、国際平和と安全の維持、回復のためには、兵力の使用に訴え若しくは兵力の使用を承認する権限が重要である。

そのため理事会は停戦命令を出したり、平和維持軍を派遣して、緊張緩和、軍隊の引き離しにより休戦状態を作り出すこともする。

また、理事会の補助機関として国際刑事裁判所を設置したこともある（ユーゴスラビア、ルワンダ）。

(2) 以下具体的な憲章規定を見る。

第二条　国連と加盟国が守るべき原則として、

一、国際紛争を平和的手段によって解決すべきこと。

二、武力の行使による威嚇又は武力の行使を控えるべきこと。

三、国連がこの憲章に基いてとる行動についてあらゆる協力をし、その相手国（強制行動の対象国）に対する援助を控えるべきこと。

を定めている。則ち、前記の一致協力しての経済制裁や集団的安全保障の思想を明らかにしている。

このように国連憲章は、安全保障理事会が、国際平和や安全を侵す国に対して制裁を行う主要な任務を負うと定め、その制裁は、経済制裁、交通通信手段の中断や外交関係の断絶（第四十一条）それでも不十分なときは陸海空軍による軍事制裁の形をとることにまで及ぶ（第四十二条）。全ての加盟国は安全保障理事会の要請に応じ兵力や援助や便宜を供与しなければならないことになっている（第四十三条）。（その後国連軍の常設が検討されたが、米、ソの対立により実現しなかった、という経緯がある）

国連憲章に見られる国際平和の維持の手段の一つとして、加盟国の集団の力で平和を脅かす国を抑圧して、平和を維持する考えについて概観する。

次の手段について以下見ていきたい。

国連のＰＫＯ（Peace Keeping Operations 平和維持活動）は軍人による事態の安定や停戦の監視を任務とする。

⑴当事者の合意に基くこと、⑵当事者に対し厳正に中立を守ること、⑶武力は自衛のための必要最小限の範囲で認められること、がＰＫＯ三原則とされる。

最近では、国連が行政上の最終責任を負うことから治安の維持、選挙の組織あるいは監視、難民の帰還、戦後の復旧、復興まで任務が拡大されている。

つまり、軍人でなくても可能な任務、逆に軍人でない方が適している任務が加わっていることが窺える。そのことは、現場がそのようなことを求めている、即ちニーズの反映であることは明らかである。また、その拡大は国連機関でなくても担える内容であることにも注目すべきである。

最近のＰＫＯについては、紛争や戦争終結後の平和構築活動の重要性が主張され、実行されつつある。ただ、別の面で、ＰＫＯ三原則の拡張、例えば武力行使の容認条件の拡大や武力の充実（当然行使を伴う）の傾向については注意深く観察する必要がある。

続いて平和構築について述べる必要があるが、これについては後の「する平和」の所で述べることにする。

三　国際司法裁判所

国際連合は国際紛争の平和的解決の手段として国際司法裁判所を用意している。然し、その制度は期待される機能を十分発揮できていない。何故か、その理由を探ってみる。まず、国際司法裁判所についての基本的理解が必要である。

(1)　国際司法裁判所は、国家間の紛争を解決する外、国連とその専門機関に対し勧告的意見を提供する。当時者になり得るのは国連の全加盟国（国に限る。民間機関や国際機関には開放されていない）。総会と安全保障理事会は法律問題について国際司法裁判所に勧告的意見を求めることができる。

(2)　国際司法裁判所の管轄権（日本語的には裁判権という方が近いか）は、国が裁判所に付託するすべての問題、国連憲章若しくは発効中の条約や協定が規定するすべての事項に及ぶ。

(3)　各国が国際司法裁判所に付託する必要があるが、その付託は条約や協定に署名するか、その旨を宣言することによって、事前に裁判所の管轄権を義務として受け入れることができる。ただ、義務的管轄権を受諾する宣言は、しばしば特定の紛争を除外する旨の留保を付けることが行なわれる。

(4)　適用される法は、国際条約で、係争国が明らかに認め確立しているものである。法として認められた一般慣行の証拠としての国際慣行。文明国が認めた法の一般原則。その他判例や国際法学者の学説。

(5)　裁判所は、総会と安全保障理事会の個別投票により選出された十五名の裁判官により構成される。裁判官の任期は九年で再任を妨げないが、同一国から一名以上は選任されない。また、当事国の要請により小法廷（又は特別法廷）で審理されることもある。

(6)　このような国際司法裁判所は何故利用されないのか。それは、当事国が国際司法裁判所の裁判に服することを同意しない限り裁判は成立しないとする制度があるからである。もし、国際司法裁判所の裁判で敗訴すれば、その国の国民は政府を厳しく攻撃し、責任を追及するであろうし、それに対する弁解の余地が極めて少ない。そのような事態を権力者は恐れ、避けたいからだ、と言われている。為政者が国民の人気に支えられるのではなく、正しい国政の運営により支持されるという国が理想であるが現実論からは容認されないであろう。

以上のような国際連合の組織には、それが恒久平和を目指すものではあるものの、欠陥や不十分さがあることは認めざるを得ない。

その欠陥の一は、平和維持のために武力が必要であることを認めていることである。ただし、明言はしていないものの、各国の提供による軍隊の国連軍としての活動を認める限度で武力行使をすることを認め、各国軍の単独の活動は容認しないもののようではある。然し、それは自衛の為の武力行使を否定しないものでもある。その二は、安全保障理事会の常任理事国五ヶ国に拒否権という特別の権利を優遇的（不平等的）に与えていることである。そして、その制度は世界情勢や国力の変化が反映されない仕組みである。少なくとも、全加盟国が常任理事国の全てを選ぶという民主的な制度であるべきである。

そして、その三は、国際司法裁判所の管轄権の問題である、紛争の解決を武力によらず、司法判断に委ねる考えは是非広められねばならない。こういった問題点の解消のために、法律家はもっと発言を強めるべきではなかろうか。

国連憲章は集団的自衛権を認めている、ということについては掘り下げた検討が必要だと考える。それは、国際連合の加盟国の一国が攻撃を受けた場合、全加盟国が一致協力してそれに対処するが、その手段として最終的には国連の組織した軍隊（多国籍軍）による武力行使も一つの選択肢として容認されている。そしてそれは一つの集団的自衛権の型でもある。

そのような型での集団的自衛権の容認は更に、地域的集団的自衛権を、例えば北大西洋条約機構（ＮＡＴＯ）にも認める、という現実的態度によって拡大されていると見ることが出来るのである。

しかし、国家の自衛権は固有の権利であり、集団的自衛権はその延長線上にあって必然的に生まれると解釈する論理を、国際連合憲章が認めている、という意見・議論があるが、それは誤りではないか。国際連合そのものは集団的自衛権を持つという構想の下に生まれた組織であるが、世界は広大であるので、現実的配慮から地域的な集団的自衛権を認め、その結果ＮＡＴＯやワルシャワ条約機構の如きものが生まれた、という経緯がある。そのことから、地域的な集団的自衛権を国連が推奨しているのではなく、やむを得ない例外として認めている、即ち消極的に認めている、ととらえるべきである。

このような背景にてらすと、集団的自衛権は国際的に認められている権利であると、無限定に言うことはできない。

四　世界の憲法の平和条項

以下は、辻村みよ子東北大大学院教授の『比較憲法』（新版）に基くリポートである。

一　はじめに　二十一世紀の憲法理論は新たな対応を迫られている。それは次の二つの大きな変化に対応する為である。

(1)　国民、国家の在り方の変容。領土、主権、国民といった絶対視された要素の変容、国家主権の制限理論、人権の国際的保障、等の時代の変化に対応した理論が求められる。

(2)　資本主義的憲法と社会主義的憲法の対立構造の変化。人権を中心にした民主主義原理の普遍化に対応する理論が求められるからである。但し、民主主義原理にも問題、矛盾がある。いわゆる人権思想も内容において、多文化主義からの批判がある。人権思想は西欧キリスト教社会の産物であることから、イスラム、ヒンドゥー、儒教社会等の価値観との不整合性があり、その調整を求められることである。西欧キリスト教型の価値観に基く人権思想を、普遍性のある絶対に正しいものとして、例えばイスラム社会に持ち込むのはあまりに独善的であり傲慢である、との批判もあることに注意する必要がある。アメリカが絶対に正しいと信じて、例えばイラクの復興再建のためにアメリカ的民主主義を持ち込むことが反米感情を惹き起こす可能性のあることは、東洋人である我々には容易に理解できる。だがアメリカ人にとっては、善いことをしているのに何故反米になるのかと、理解できない。

(3) 人権の内容の変化、発展。自由権を基本とした人権は、幸福追求権や人格を自由に発展させる権利や、生命に対する権利へと拡がる。同性愛、人工妊娠中絶、人工生殖技術、プライバシー、環境といった事柄も憲法上(人権に関する)問題とされるに至っている。

二 「人権としての平和」と戦争放棄

戦争は最大の人権侵害という位置付けをされるようになった。

この場合戦争をどのようなものとして把えているのか。

それは殺戮と破壊であり、それは政治権力又は組織によるものである(政治権力や組織の意味は改めて考えるべきものとして残る)。一般人の保有しない武器を用いる。

といったイメージである。

この定義が不明確だと法律的議論にならず、ロマンチックなイデオロギーの展開に堕してしまう。この定義が確立して初めて、「だから戦争は最大の人権侵害」ということを論理的に言えるようになるのである。

国際的には、人権保障が進む中で、即ち、人権論が展開される中で平和の問題がとりあげられ、位置付けられてきた。以下摘記してみる。

〈世界人権宣言　一九四八〉前文で「人類社会のすべての構成員の個有の尊厳と平等で譲ることのできない権利を承認することは、世界における自由、正義及び平和の基礎である」と宣言して、人権が平和の基礎であることを明らかにした。

〈国際人権会議テヘラン　一九六八〉前文で「平和は人類の普遍的熱望であり、平和と正義は人権及び基本的自由の完全な実現にとって不可欠である」とされた。

「国際平和の強化、軍縮等が男女の完全な平等の達成に貢献する」とした女性差別撤廃条約前文は「平和なければ平等、人権なし」との原則を、また「平和は全ての基本的人権の享受により促進される」（ナイロビ将来戦略）という、「人権なければ平和なし」の原則も謳われるようになった。

三　このような流れの中で「平和的生存のための社会の準備に関する宣言　一九七八国連総会」は「すべての人間は、人種、信条、言語又は性のいかんにかかわりなく、平和のうちに生存する固有の権利をもっている」など、「平和への権利」は「生命に対する権利」や「平和的生存権」の観念等として、多くの国際文書の中で言及されるに至っている。

即ち、人権と平和は密接に関連するものとされ、平和の基礎に人権があり、人権は平和を要求する理論的根拠として認識されるに至っている。

その中で、日本国憲法前文は、それまでの「欠乏や恐怖からの自由」から一歩進めて平和的生存権を、即ち権利として確立した所に意義があった、と言われるに至っている。

これを受けた憲法九条は、戦争の全面放棄（権利としての交戦権の放棄より進んで、戦争を政治的手段とすることの放棄と解する）と非武装を掲げ、内容が具体的であるのに対し、国際条約上の「平和への権利」は、自衛の為の戦争まで含めた戦争の全面否定とはなっていない。

日本国憲法は、国民の戦争拒否の権利、政府に対する平和請求権としての、（狭義の）「平和的生存権」が保障されている、と解されている（「公共の福祉」による人権の制約の中において、国防、有事への対応のための制約もまた「公共の福祉のため」として正当化することは許されないと解される）。

これらの人権解釈からは、国家が戦争を開始したことに対する、国民の差止請求権（平和確保に対する国民の権利）や、国家のため（命令により）他国の人民の生命や身体を傷付けさせられない権利（戦闘行為拒否権）の要求や思想良心の自由にもとづく良心的兵役拒否権、などの根拠が導かれうる。

次に、日本国憲法の平和条項の各国憲法への波及について見ることにする。

日本国憲法制定時の一九四六年、各国の憲法は「侵略戦争の放棄」を掲げていたのに過ぎなかった。

これに対し日本国憲法は「戦力不保持」と完全な「戦争放棄」を明示したのである。

これにより、少なくとも法文上は「世界に名誉ある地位を占める」こととなった。

その後新たに独立したアジア、アフリカ、中南米諸国の憲法は平和条項を持つものが増え、成文憲法を持つ一八〇ヶ国中、一二〇ヶ国以上の国の憲法の中に平和に関する規定が置かれるに至っている。

核兵器や化学兵器の開発に対応しきれない小国は、世界の軍備縮小への期待を込めて憲法に平和条項を置くようになった、と説かれている。

その中では次の七つのパターンがあるという。

(1) 抽象的な平和条項を置く国　フィンランド、インド、パキスタン

フィンランド　「平和と人権保障（及び社会の発展のため国際協力に参加する）」と国際的責務の定めの中で「戦争と平和は大統領が決する」と定める。

インド　国の責務の一つとして「国際平和及び安全を促進すること」「諸国民との正当にして名誉ある関係を維持すること」「国際間の紛争を仲裁により解決するよう努めること」等を定める。

パキスタン　「国際的平和と安全を促進する」努力を宣言。

(2) 侵略戦争、征服戦争の放棄を明示する国　フランス、ドイツ、大韓民国

フランス　「征服を目的とするいかなる戦争も企図せず、いかなる人民の自由に対しても、

決して武力を行使しない（自国のみならず他国の人民の自由にも武力不行使。自衛のためにそのようなことをすることはあり得ない？）。

ドイツ　「諸国民の平和的共同生活を妨げ……侵略戦争の遂行を準備するのに役立ち、そのような意図をもってなされる行為は違憲である」として、その行為、侵略戦争準備罪を定めている。

大韓民国　「大韓民国は、国際平和の維持に努め、侵略戦争を放棄する。国軍は、国家の安全保障と国土防衛の神聖なる義務を遂行することを使命とし、その政治的中立性は遵守される」。

但し、過去戦争を始めた国で、その戦争を「侵略戦争」であると称した国はない。日本すら、東條英機は、太平洋戦争は自衛の為の戦争と主張したのである。

そのことを考えると、侵略戦争の放棄宣言に過大な意味を認めることはできない。

(3)　国際紛争を解決する手段としての戦争を放棄し、国際協調を明示する国　イタリア、ハンガリーなど

イタリア　「イタリアは、他の人民の自由を侵害する手段及び国際紛争を解決する方法としての戦争を否認する」「イタリアは他国と等しい条件の下で、各国の間に平和と正義

を確保する制度に必要な主権の制限に同意する」

ハンガリー　「ハンガリー共和国は、諸国間の紛争解決の手段としての戦争を否定し、他国の独立または領土保全に対する武力の使用及び武力による威嚇は行なわない」

但し、両国とも軍隊の保有は認めている。

(4)　中立政策を明示する国　スイス、オーストリアなど

スイス　永世中立を謳った明文の規定はない。永世中立の条文はない上、軍隊の保持を明言している（一九九九　新憲法）。
オーストリア　「オーストリアは、その対外的独立を永続的に維持するため、および自国領域の不可侵のために自由意思により、自国の永世中立を宣言する」「この目的を確保するため、いかなる軍事同盟にも参加せず、また自国領域内に外国の軍事基地の設置を認めない」として国際的に永世中立国と認められた。

(5)　核兵器の禁止を明示する国　パラオ、フィリピン、コロンビアなど

フィリピン　「核兵器からの自由」を宣言（一九八七）「国策としての戦争放棄」も。
パラオ　非核条項を規定。
コロンビア　「（各種化学兵器及び）核兵器の製造、搬入、所有、使用……は禁止される」

(6)　軍隊の不保持を明示する国　コスタリカなど

コスタリカ　「軍隊は破棄される。警察は設置される」「国の防衛のためにのみ軍隊を組織できる」。但し実際に軍隊はない（今日軍隊を持たない国が二七ヶ国あるという）。

(7)　戦争放棄、戦力不保持を明示する国　日本

徴兵や宣戦布告等の規定のない日本国憲法の平和条項、平和主義は世界一徹底していることは間違いない。

但し、軍隊や軍備は実際に存在していることも事実（防衛費世界六位）。

第三章　「しない平和」と「する平和」

一　「しない平和」とは何か

(1)　一般に、「平和」とは戦争のない状態と思われがちである。然し、それは最低限の条件ではあるが、「真の平和」からみると不十分である。

憲法前文は「専制と隷従、圧迫と偏狭、恐怖と欠乏から逃れ平和のうちに生存する権利」が国民にあること（基本的人権の内容として）、国家は国民に対しそれを保障しなければならないことを謳っているのである。

圧迫や恐怖の内容として武力攻撃を受けること、又はその威嚇のもたらす恐怖が含まれていることは明らかである。

それを免れさせるために国家は何をすべきか、との問いに憲法は前文で「諸国民の公正と信義に信頼してわれら（即ち国民の）の安全と生存を保持しようと決意し」、第九条で「正義と秩序を基調とする国際平和を誠実に希求し」て戦争と武力の行使を放棄し、かつ戦力の不保持と交戦権を認めないことを宣明しているのである。

要するに、国は平和を保つために「戦争をしない」「戦力を保持しない」と宣言しているのであるが、裏返せば戦争をするのもしないのも、即ち平和を守るのも守らないのも国のすることであるとの考え方が、根底にあるのである。

しかし、平和を守るために国民は何かを担うべきではないのか。日本国憲法は、平和の保持の為に、国民一人一人にも何らかの活動を求めているのではないか、という問題提起が今なされている。

それが「する平和」と称されている、国民が主体となって行なう平和維持活動である。

憲法前文には「(日本国民は) 政府の行為によって再び戦争の惨禍が起ることのないようにすることを決意し」と宣言することによって、戦争をするのは「政府」であり、それを止めるのは「国民」の役割であるとしている。即ち、国民は常に平和を求める者であり戦争を企画するのは政府である、との位置付けの上に立って、国民に平和維持の役割を担うべきことを求めていると考えるのである。

国民は、単に政府が戦争をしないよう消極的に行動するだけでなく、平和維持のため積極的に行動することを憲法上求められているのである。

このことを国民はもっと自覚する必要がある。そして、その具体的活動は既に始まっていることも国民はもっと知るべきである。その具体的内容をこれから見ていくことにする。

二　「する平和」の具体的活動

世界の紛争地域に入り、非暴力で紛争介入し、平和を築くための環境づくりを行なっている非武装の平和市民活動家がグループがある。インドで二〇〇二年末に創設された国際NGOの非暴力平和隊（NP＝ノンバイオレント・ピースフォースの略）である。

創設にかかわり、NP理事でもある君島東彦（憲法学／平和学専攻、一九五八生）という人が居る。

ほぼ同じ趣旨で活動している国際NGO国際平和旅団（PBI）の経験を持つ大畑豊さんと共に二〇〇三年六月、日本に非暴力平和隊・日本（NPJ）を作った。

その活動の具体例を見てみよう。

一人の日本人女性は非暴力平和活動のできるトレーニング（六週間）を受けて紛争地スリランカに送られた。スリランカでは、長い間タミール人と政府軍の間で武力紛争が続いていていたのである。

そのようなトレーニングを受けた多国籍の市民活動家チームは、紛争地で民主化運動に取り組んでいる団体、組織からの要請に応じて派遣され、要請した組織の活動家に付き添い活動をする。そういった活動は、「国際社会が見ている」とのメッセージとなり、テロや暴力の発生防止に効果があるのだという。

このような非暴力平和活動の国際ＮＧＯは世界に二〇ほどある（ＰＢＩは二十年の歴史がある）。

紛争を武力によらずに解決すると憲法第九条一項で定める日本だが、こういう活動に対する注目や関心が不足している。それは平和構築は国家の役割、という観念から日本人が抜け出せていないからだ（国家中心主義の発想である）。また、紛争解決のためには武力によるのが唯一の手段である、との考え方に囚われているからだ。

戦後の日本国民には、この「する」平和主義という観点が決定的に欠けていた（国家がするもの、と思っていた。国家でなく、国民がする平和教育はなされなかった。君島）という。

君島教授は、丸山眞男「憲法第九条をめぐる若干の考察」で「する平和主義」の大切さに気付かされた、という。

また、「平和を創る主体は、政府でなくピープルであるという観点」を示した論考（憲法学者深瀬忠一北海道大学名誉教授の『戦争放棄と平和的生存権』）も重要である。

後に東京裁判について述べるのであるが、東京裁判における戦争責任は、国家の指導者が、天皇や国民を欺いて判断を誤らせた、という構図となっている。日本国民は一丸となって戦争を遂行した筈なのに国民は被害者として位置付けられ、加害者としての責任は問われなかったのである。

その加害者としての戦争責任に正面から向き合わなかったことが、日本国民に平和の担い手になるべき者としての自覚、即ち、二度と戦争を起こさせない為の努力をすべき責任がある、との自覚を持つことを妨げた面があるといえるかも知れない。

三 市民の非暴力平和維持活動

(1) NGOに続き、市民が、非暴力で平和を創っていこうという新しい行動計画について述べる。

この計画は、武力紛争予防のために国連のアナン事務総長が二〇〇一年六月に安全保障理事会に出した「武力紛争予防に関する事務総長報告書」グローバル・パートナーシップ(GPPAC)が契機で始まる。

この計画の一環である「東北アジアのアクション・アジェンダ」の中では、日本国憲法九条が中心に置かれている、という。

日本国憲法九条はアジアにおける日本のミリタリズムを抑えるため、との国際認識がある。ということは、日本の安全保障だけでなく、東アジアの民衆全体の安全保障の為の共通財産という意味もあることを認識する必要がある。詳しく述べると、日本が軍隊を持つということは、東アジア各国に脅威を与えることになり、それに対抗するための軍事力強化を各国に促す結果を招く。特に中国、韓国、北朝鮮との軍拡競争は不可避となり、東アジアの不安定化につながる。それを抑止する働きを九条は持っている、というのである。

他方、非暴力による平和構築をピープル（この用語の意味は前に述べた）に担わせるとの考え方は国連において採用されるかが注目される。

冷戦期、日本は平和憲法を堅持した。他方韓国などは軍事政権下にあり、その軍事政権は民主化運動を弾圧したこともある。見方を変えれば、そのことが共産化の波から日本本土を防衛していたのだと、韓国の学者らは指摘する。日本が軍隊を持たないよう周辺国は軍事力を増強するための負担を強いられた。それは東アジアの平和の安定（即ち日本が軍隊を持たないことにより平和が安定的にもたらされること）の為であった（朝鮮戦争の特需のように、結果として日本は不当利益を得ることとなったというのである。日本の憲法や平和を守るための出血は他国の民主化運動家が担ったというパラドックスを指摘されている）。

そのように見ると、日本の平和憲法は東アジアの民衆の共有財産でもあることが浮かびあがる。

このように日本国憲法の平和条項は国際的性格を帯びている。つまり、日本国民は国内のことばかりではなく、平和憲法の国際的プレゼンスにも配慮すべきである。他国に押し付けられた、民族の屈辱を背負った憲法だから、それを晴らすために改正しなければならないといった考えは、あまりに次元が低いと言わざるをえない。もし屈辱というのなら戦争を始め、それに敗北したことが日本の屈辱である。その鉾先を憲法に向けるのは問題のすり替えである。屈辱を晴らしたいならもう一度戦争して勝つ外ないであろう（勿論、そんなことは賛成できることではない。肝要なのはすり替えの議論に惑わされないことである）。少し話がそれたが、要するに日本の周辺諸国は日本が軍事国家になるのは、アジアの平和を乱すことになるので、それを防止するため、即ち憲法九条を変えさせない努力をし、犠牲も払ってきた。日本国民はそのことを理解してほしいし、憲法九条はアジアの共通財産であることも理解してほしい、と言っているのである。

(2)　日本国憲法第九条を変えるのは、国民の総意によるべきは当然だが、変えねばならないかを判断するについては、日本が武力を保有することは絶対に必要なのか、侵略の脅威は増大しているか、その脅威は武力による以外防止する方法はないのかを冷静に判断する必要がある。武力を背景に国際社会でより強い発言力を持ちたいというのならそれは時代に逆行するのではないかということを、国民に知らせ国民と共に考える必要がある。

私が日本政府に対し最も不満に思うのは、政府は憲法を守る義務があるのにもかかわらず、憲法の要請する武力によらない平和追求の姿勢・努力、即ち憲法上の義務を尽くそうとしていないことである。憲法の要請に応えるための最大限の努力をしたが、万策尽きた、憲法を変えて軍隊を持たざるをえない、ということがあって初めて国民に憲法改正を提示するのでなければ筋が通らない。政府には平和的手段で紛争を解決する努力を国際社会で示し、平和国家日本のプレゼンスを発揮し、国際世論をリードしてもらいたいと思うのである。

また、平和の構築につきピープル（国の成立前の人間、即ち国民以前の人間として、あえて国民といわずピープルと呼んでいる）が主役として期待されていることを知り、そのピープルとしての行動をまず十分に尽す必要がある。その努力の結果は憲法の期待に添うものとなり、日本は改憲してまで武力を持つ必要はなくなるのではないか。

日本の平和憲法は高い理想を掲げるものとして世界に冠たるものであり、日本国民の単独の意思で変更するのは慎重であるべきではないか。

少なくとも、世界という視点から見る日本国憲法の存在感をわきまえ、その改正の及ぼす世界への波及を考慮に入れて改憲の議論をするべきではないか。

以上のことをまとめると、次のようなことになろうか。

一、平和を武力を用いて実現しようとすること、それが誤まりだとしたとき、武力を行使する相手に非暴力で対抗して平和を実現できるか。それを具体的な活動例から学び、更にそれを発展させ、大きな力とする必要がある。

二、平和を実現するのは国家の役目だ（国民や人民にその役割はない）という考え方の誤まりを修正する必要がある。

三、平和構築はピープルの役割だ、とする考え方、それが日本国憲法の基本的な態度であり、考え方である。即ち非暴力による平和実現は日本国民に科された役割である、とするのが日本国憲法の立場（前文はWe, the Japanese Peopleで始まる。巻末に全文掲載）である。

四、世界が注目する日本国憲法九条

基本的に、平和を求めるのは市民、国民であり、戦争、武力行使をしたがるのは権力者であると言える。その証拠に、世界中に平和を求め、平和を保持しようとする市民運動は数多くあるが、戦争をしよう、軍隊や軍備を持とう、という市民運動は希である。戦争を唱える者の大半が権力者である。

そういう平和を守るための市民運動の中で弁護士笹本潤氏の活動があり、『世界の「平和憲法」新たな挑戦』（大月書店）に詳細な報告がある。

そこには、日本国憲法を守り、更にそれを各国憲法にも取り入れ拡大させよう、とする世界の法律家を中心とする運動が紹介されている。

以下関係の深いと思われる所を摘記引用する。

一　「九条世界会議」という会議があり二〇〇八年に日本（幕張メッセ）で開催された。世界から二万人以上が参加した（二〇一三年大阪でも開催されることになっていて、既に開催済みとなっている筈である）。「平和を愛するすべての世界の市民は、九条を守らなくてはならない」（韓国の弁護士）「各国で九条のような平和条項を憲法にとり入れるべきである」（フランスの弁護士）等の発言あり。

二　国際民主法律家協会は二〇〇九年ハノイで大会を開いたが、その分科会では日本国憲法九条についての議論もなされた。筆者はレポーターとして九条を世界各国に広げていこう、とアピールしている。アメリカの法律家は、日本は九条があるおかげで六十年間戦争してこなかったと評価した。

その大会の閉会式で「日本の九条を各国で取り入れていこう」との方針が採択された。

三　ハーグ平和市民会議（一九九九年）で採択された世界秩序のための基本十原則の中に

「各国議会は、日本国憲法九条のような、政府が戦争をすることを禁止する決議を採択すべきである」と明記された。

四　「武力紛争の予防のためのグローバルパートナーシップ」（GPPAC）は武力紛争の予防を目的とする世界的なNGOネットワーク（前国連事務総長アナン氏提唱）だが、その東北アジア会議で韓国代表は、韓国と北朝鮮が将来統一されたとき、九条を憲法にとり入れたい、と発言した。台湾代表は中国との統一を武力によらないようにするため「中国本土や他国との紛争は、平和的手段によって解決しなければならない」などの条項を憲法にとり入れようと主張している。

五　アメリカの婦人国際平和自由連盟は「アメリカ政府は、九条を日本政府に変えるようにと圧力をかけるな」という署名運動をしている。

先に紹介したフランスの弁護士は、世界各国に九条を取り入れていこうという署名活動まで行っている。

このような憲法九条に対する世界の法律家や平和運動家、団体の存在や活動への認識を日本国民はもっと深める必要がある。即ち、憲法九条は今や世界の中で平和憲法の模範となっており、究極的にあるべき姿、理想を掲げるものとして高く評価されているのである。そういう中で憲法九条を変えるということは、どのような影響を世界各国に与えるか、またそれはどのような形で日本の評価としてはね返ってくるか、日本国民はそこまで考えねばならないと思われる。

先にも述べたように、日本国憲法はアメリカに押し付けられたものだ、それは日本国民にとり屈辱的なものだ、という主張が根強くあるが、問題にされるべきは憲法の内容である。その内容を六十五年もの長きに亘り日本国民が受け容れてきた、という事実は重たいものがある。敢えて言うなら、日本国憲法の徹底した平和主義、各国が目標とすべき平和条項は、日本国民ではなく、他国が関与したものであるからこそ、出来たものである。日本国民が作ったとすれば自衛の為の戦争までも放棄する、といった徹底したものにはならなかったかと思われる。

ついでに述べると、「自分の国は自分で守る」という勇ましい言葉が使われるのも「他国に押しつけられた憲法」という屈辱感の裏返しで、その歴史的背景を直視しない偏狭なナショナリズムと同根であると感じる。その根底には、「武力には武力を」もって対抗するという一見「現実的」な考えがあり、平和の保持の為には、「武力の均衡」しかないという頑(かたくな)な考えがあるわけである。然し、その考え方にはこれまでにも述べた通り問題がある。つまり、「武力には武力で対抗する以外に選択肢はない」ということが、その考えの中で当然の前提とされていることである。勿論その前提は唯一必然的なものではないので、その考え方は誤まりである。武力に対するには武力ではなく平和的手段で対抗することは十分に可能であることは既に各種事例で示してきた所であり、それが日本国憲法の要請なのである。

第四章　武力紛争とその解決法の現状

一　はじめに

「平和構築は紛争後の地域において統治機構の再建を支援し、紛争の再発を防ぎ、平和を定着化させる活動である」。一九九二年、ガリ国連事務総長はこのように平和構築を定義すると共に国連の主要課題の一つとして位置付けた。

それに加えて、武力紛争の継続中、これを中止させ、和平条約の調印を促し、その後の国家再建や平和構築のために行なう国連の交渉や調停は「和平調停もしくは平和創成」と定義した。

また、和平条約調印後、安全保障理事会の決議のもと治安維持のため派遣される国連部隊の活動を「国連平和維持活動（ＰＫＯ）」と定義して平和構築と区別した（ガリ事務総長のレポート「平和への課題」）。

このようにして、和平調停が行なわれる際、戦闘終結後のこと（国連にＰＫＯ部隊派遣を求めるか、その後の国の再興をどのように行っていくか）を調停の内容に盛り込むことになり、それらは相互に密接な関係があるものとされた。それらを実現させるために臨時の組織が作られる（ミッション＝派遣団）。

平和構築は、米、ソ対立時代にはありえない考え方だったが冷戦終結後はそこまで踏み込むことが可能となり、生まれた考え方である。

二　平和構築

平和構築は、今や国際法上の主要な研究テーマとなっている。

それはどのような内容を持つものであるか、それを見ることにする。

以下、藤原帰一他『平和構築・入門』（藤原帰一・大芝亮・山田哲也編／有斐閣）の目次を引用するのがその具体的内容を知る早道と思う。それは次のようになっている。

序章　新しい戦争・新しい平和
第1章　国家の破綻
第2章　テロと新しい脅威
第3章　拡散する核兵器
第4章　軍事力と平和維持
第5章　国連における平和構築

この目次によって平和構築の目指すものの内容を理解することができるのである。第1章～4章は武力紛争の発生原因やそのもたらす脅威について考察し、以下は平和構築の担い手として、国連のミッションによる平和構築の具体的手法を個別に論じている。特に「法の支配」の項は我々法律家にとり関係の深い所である。

紛争は、国家的組織の中で秩序が乱れ、国家が弱体化することによって起こる。一方では権力を獲得しようとする指導者とそれに従う複数の集団が生まれ、被支配層の民衆が対極にいる。暴力が支配し法秩序が失われる。警察や裁判所や行政庁も無力となる。貧困層が一層貧困となる中で食べるためゲリラ兵になる者も居る。指導者は目的達成のため大国から武器を入手し代理戦争もする、という状況を認識しなければ、そこからの平和構築は理解し難い。

そこでは、まず停戦をさせることが必要であるが、その状態を永続させるため、対立当事者に武装解除をさせる。その兵士達の生活の安定が必要であるが、そのためには職業を与えねばならない。という具合で、法の支配の回復や経済復興も支援する。行政機能やインフラの整備、教育の普及向上も必要である。第7章以下はこのように考えると理解し易いと思われる。法の支配、人権尊重、人材育成、経済発展ということを実りあるものにする活動は人材や資金を必要とするのは勿論であるが、新しい国家、新しい統治機構を創造し、その国民の質的向上と国際社会の一員として迎える為に必要不可欠な活動なのである。

三　法の支配は平和構築の中心である

国際社会による法の支配支援強化策は、平和構築を通じた国家建設の中核を占める活動である、と認識されている。

一九九九年以降すべての主要な国連平和維持活動は、法の支配強化の課題に明示的に取り組み、警察、司法、矯正部門の制度強化をめざしている。

法の支配というときの法は（その国に既存の確立した法や法体系があることは期待できないから）国際法であり、その国民が自ら選択する法秩序、法制度である。それらの規範的効力を強化する必要がある。然し、その規範的効力そのものの基盤も脆弱であるので、同時進行的にその社会的基盤も強固に造り発展させる必要がある。

紛争状態とは、法の眼からすると無法状態である。紛争を止めさせるのは法秩序を回復させることである。それ以後法の力により紛争の再発を防止することも重要である。地域によっては法というに値するものがないか極めて弱い所もある。そのような地域には適切な法を与え守らせる努力も必要となる。

人権感覚を学ばせ、それを教える教育、生活を安定させるための経済発展、それに伴う貿易や生産のシステム、それらをコントロールする行政機構といったことの全てに法制度が必要なのである。財政のシステムも然りである。

そういった分野で実務法律家が貢献し活躍する必要があると思われる。

具体的には、国連などの国際組織は、国際人権法、国際人道法、国際刑事法、国際難民法などの法規に依拠して、統一的な規範的枠組みを維持している（と言われているが、その規範の具体的内容を学ぶ必要がある）。

注目すべきは、「(国連、その中の安保理は）国際人道法や国際人権法を根拠に、国際機関が個人を（その属する国の主権を越えて）直接的に保護するために活動する前例をいくつも作り出してきた」ことである。東京裁判で見られる「人道に対する罪」といった法思想の展開と見ることが出来る。

一九九〇年代後半、常設の国際裁判所設立の動きが高まり、国際刑事裁判所（ＩＣＣ）が設立されている。

個人を、その国の司法機関でなく、またその国の法（その国の刑法等）によらず、国際機関が国際法で裁く、ということは、東京裁判が先例となっていると考えることが出来る。

そして、ここでも東京裁判で考察する問題点が現れてくる筈である。

特に、「裁判所や裁判官が、公平に選ばれているか（武力行使した国が裁判官になっていないか）」「法は普遍的な価値観に立脚しているか」などに注目する必要がある。

国際機関が、国際人道法を根拠にして、直接的処罰を行なう国際刑事裁判所の設立には、戦争犯罪に対して画期的な意義がある、と言われている。

しかし、人道的規範の適用を強制措置（武力行使）によって確保しようとする行動（例Ｎ

ATOのボスニア、ヘルツェゴビナへの軍事介入）等については、「人道的介入」と称されているが、諸個人の自然権を国際機関の直接的行動によって擁護する意図をもつ限りにおいて、新しい国際的な立憲主義の流れに副うもの（前記『平和構築・入門』169頁）と肯定する意見もあるが、「人道の為なら何でも許される」といった考え方に傾くと危険である。

そのような裁判権がどのように発生するのか、慎重な論証が必要であろう。

即ち、国家と個人の関係の中において、「人道」を根拠にある国家が他の国家の主権を無視する形で（その国家権力を排除し、又は武力で抑圧して）介入するのであるから、その正当性が論証される必要がある。パキスタンの主権を無視する形で、オサマ・ビン・ラディンを襲撃し殺害したアメリカの軍事行動は、アメリカの正義のためなら許されるのであろうか。

四　武力紛争とその解決のあり方

一　武力紛争は、冷戦の終結後増加した。その理由はさまざまであり、統一的にその理由が何かということへの答えは出し難い。民族、宗教の対立や思惑、感情があり、武器を売って利を求める者があるかと思うと、対立を煽ることが自国の安泰をもたらすと考える国がある。利権確保のため、大国が背後で支援する代理戦争もある、といった具合であるからその理由は多種多様である。

そこに、NGOなど民間組織が善意の活動を展開して成果を挙げる可能性がある。それは国や権力者に平和維持活動を委ねると、それには代償としての石油利権の確保や最新兵器の購入といった条件が付随するのに対し、民間の組織は無条件の善意に基く行為であるからではないか。紛争当事者はそれらの組織の援助を安心して受け入れられるのである。

二　民間組織の協力は、単なる紛争の抑止に止まらず、その紛争国や地域に失われた統治組織を再構築して回復させ、そのために法の支配を確立させること、人々に職を持たせること、衛生や教育の普及、ひいては家族や信仰といった精神的安定などにまで配慮している。恐怖や欠乏や貧困から免れる人間らしい生活を実現させる、という徹底した平和構築の思想は、これからも一層充実させていく必要がある。

特に「法の支配」については法体系の整備、治安の維持、それを担う警察組織や裁判制度の整備などに及ぶことであって、法律家に対してボランティア活動が期待される分野ではなかろうか。

そういう基礎が出来あがると同時にその国の経済発展と国民生活の安定向上がもたらされるのである。

武力紛争の解決はそこまで尽されなければならない。

NGOについては、東チモールでの活動、アフガニスタンでの活動、スリランカでの活動の報告もあり、今後その実践が積み重ねられていくことに期待し、見守りたい。

その実例の中で、例えば住民にアンケートを実施して「どんな政府を望みますか」といった質問をしたりしている。それは、被支配者である住民に、実は主権者であることを自覚させる効果がありそうである。西欧型民主主義は世界中に通用する価値観とは言えない。それを持ち込めばその国が幸せになると信じるのは危険であり慎むべきである。その国の人々が自らの価値観で国家や社会を再構築するよう見守り、必要な、しかし控えめな態度が望まれる。

第五章　東京裁判から何を学ぶか

一　東京裁判から何を学ぶべきか

一九四五年八月、太平洋戦争は終った。日本に占領軍の最高責任者としてやってきたダグラス・マッカーサーは、終った戦争の総括としていわゆる東京裁判を開かせて、戦争責任を追及した。日本の将来については再び戦争を起こさせないように、日本国憲法を制定して戦争放棄等の条項に基く平和国家の建設を目指した。

ここまでは平和憲法を中心として述べてきたが、太平洋戦争の総括とも言える東京裁判に何を学ぶべきか考究してみた。

(1)　はじめに

東京裁判について多くの人がそれぞれの立場から異なる意見を述べている。いずれも傾聴すべきものであるが、この裁判を肯定するもの、否定するもののある中で、今、太平洋戦争が終わって六十八年、東京裁判が終わってからでも六十五年が経つ。

第一次世界大戦が終わって二十年余りで第二次世界大戦が始まっていることを思えば、大規模な戦争の無い時代がこれ程長く続いたことについて、そして更にこれをもっと続ける為には何をどうすべきかを考える時期が来ていると思える。

更に思うには、既に述べたように、平和とは戦争の無い状態と同義でないことをしっかりと認識すべきことである。平和とは単に戦争の無いことばかりでなく、戦争の恐怖がなく、飢えや欠乏の無い、誰もが安心して幸福な生活を送ることの出来る状態のことである、と認識することは極めて重要である。

反対に、このような平和を根底から破壊し、全てを奪うのが、国家がその全権力、組織の力の全てを傾注して行なう戦争であるが、その戦争は、平和を護る為には、一切の例外も認めず「悪」としなければならない。

東京裁判では事後法として極めて評判の悪い「人道に対する罪」という戦争犯罪類型（構成要件）が持出されていて、その内容は、ナチス・ドイツによる自国民であるユダヤ人の虐殺等を念頭に置いているようである。然しその概念はあまりにも広すぎて、法律として機能しにくい。もう一つの犯罪類型「平和に対する罪」は、紛争解決手段としての戦争を含む一切の武力行使をその対象とすべきである、と考える（東京裁判の所で改めて詳述）。

そのような考え方を根底に据えたうえ、東京裁判を国際公法の発展（それは法による平和の実現に向けて遅々とではあるが、進歩を続けていると信じるのであるが）の中に位置付けて、その視点から何らかの学ぶべきものを見出したい。

先にふれたように、戦後六十八年を経た現在、東京裁判は、勝者、敗者の感情を乗り越え、歴史的事実として客観的評価に耐えうる状態になってきていると思われる。そして、この時機にこのような視点で東京裁判という歴史上の事実を見直すことは、恒久の世界平和を実現するために意味のあることであると信じる。

⑵　法と法制度により世界平和を実現出来ないか。法律家であれば、この観点から世界平和実現の可能性を追求することは当然の使命である。法律家は専門家として、法を用い、裁判制度を利用して、紛争を平和的に解決している。国際紛争もこの方法によれば解決は可能な筈であると考えるのは自然である。ただ、そこに乗り越えるべきどのような障害があるかが問題である。
国際公法、それは条約、慣習法の集積である。

そして、それは最初の条約（条約以前の無記録の分を除いても）から一貫して、平和を目指す（戦争をしない、戦争をやめる）ことを主たる内容としてきたのではないか。世界平和を法の力で実現しようと考えるのなら国際公法を学ぶ必要がある。

(3) 視野を広げ、貿易などに関する公法、国際連合以外の国際組織もその流れ（何に向かって流れているか）を眺めるとき、平和の分野以外での進展は目覚ましい。それは平和への流れに何らかの力を与える可能性を示していないか。

(4) 裁判により国と国の間の紛争を解決しようとするとき、最終的に判決が出されることになるが、その判決に拘束力、従わぬ当事国を従わせる為の強制力＝執行力を持たせる必要がある。

その執行力をどのように確保するか、それがなければ裁判による紛争解決というアイデアは実効性のないものになってしまうであろう。

ここで、判決に強制力＝執行力を持たせる方法について若干の考察をしたい。

国際法廷で、当事者に戦争行為を禁止とする判決がなされるとき、その執行力を持たせることは、非常に困難である。現在の国際社会では、国連による制裁決議（国連の機能の強化が更に求められる）がなされ、それに基いて種々の（主として経済的）制裁決議とその実行がなされている。場合により第三国による仲裁もなされていて、参考になる。最も重要で強力なのは国際世論であり、それにはメディアの力が重要である。そのメディアに力を発揮させるのは、平和を希求する人々の意志であることは言うまでもない。

裁判制度を用いて武力紛争を回避し、平和を実現する場合、如何にして判決に強制力や執行力を持たせるか、が重要かつ困難な課題である。然し、それが不可能でないことは、これまでの歴史（それは進歩している）を見れば分かる。人類は平和を模索してその努力を続けており、これからもその努力は少しずつではあるが実を結ぶであろうことは信ずべき根拠がある。

現在圧倒的な武力を有するアメリカ（特に核兵器やその運搬、無人のＩＴ兵器、特殊な爆弾、原子力空母や潜水艦等のどの分野に於いても圧倒的）も、湾岸戦争やアフガン攻撃、イラク戦争の開始、遂行に当たっては、国連決議によるいわば世界の公認を得ることも望んでおり、一応国際世論を味方に付けようとしている。可能な限り単独での武力行使は避けようとしている。つい最近、アメリカはシリア内戦で政府軍がサリンを使用したことを理由に武力攻撃を行おうとしたが、国際的な支持を得られず断念した。これらのことから、国際世論の力が大きくなりつつあるという歴史の流れを感じることが出来るのである。その流れはどうして出来たのか、どうしたらもっと強いものになるかをよく考える必要がある。

先に見た人間一人一人が国家の枠組みに囚われないピープルとして強い発言力を持つこと、平和を求める戦争拒否権のような権利を持つことも必要である。

二　戦争の責任を追及するための方法としての「裁判」

(1)　パリ条約（別名、ケロッグ＝ブリアン条約、一九二八年）は「国際紛争解決の手段として戦争に訴えること」を非とし、「その相互関係において、国家の手段としての戦争を放棄すること」を約したものである（『創られた「東京裁判」』竹内修司）。但し、自衛の為の戦争は除外しながら、自衛の為の戦争の解釈は各国に委ねられ、かつ違反に対する罰則の規定はなかった。

条約締結国には、この条約を守ろうという真剣な気持はなかった、と言われている。

(2)　ニュールンベルク裁判までに出てきた裁判による思想

・一九四五年まで

戦争犯罪人という表現は通常の戦争犯罪の禁止行為に反するものを念頭に置いたもので

あった。

連合国側の諸宣言は、単に敵側の戦争犯罪人の処罰を求めていただけである。

・一九四五年夏

四大国（米、英、仏、ソ）がロンドンで会議を開き、ニュールンベルグ裁判条例を起草。そこで平和に対する罪、人道に対する罪についても裁く、と決定した。

それまで、この新しい二つの罪はどのようなものか、確信を持たれてはいなかった。

(3)　ポツダム宣言（一九四五年七月二十六日）

ポツダム宣言において初めて「吾等は、日本人を民族として奴隷化せんとし又は国民として滅亡せしめんとするの意図を有するものに非ざるも、吾等の俘虜を虐待せる者を含む一切の戦争犯罪人に対しては厳重なる処罰が加えらるべし」との一項が挿入された。

その意味について考察すると、

①　日本の敗戦が迫った。そこで戦後の事態をどう終息させるかということを現実に考えるようになった。

②　断わり書きの部分から、基本的には日本を抹殺するつもりはない、と言っていることは理解できるが、それは従来の戦争は相手国民を皆殺しにしたり奴隷にして、国を抹殺してしまうことが当然だったのであるがそんなことはしない、ということを明らかにしているのである。

勿論戦勝国といえどもそんなことは出来ないのは明白である。

然し、ここに戦争観の変化を認めることが出来る。

戦勝国も相手国や国民を抹殺できない。即ち、その国民の為に領土を残し、統治もさせねばならない。

つまり、戦勝国の戦利品としては僅かな利権があるのみである。時代は植民地主義や帝国主義の時代ではなくなっていることを物語っている。

実際に、太平洋戦争が終るとともに帝国主義は廃たれ、アジア各国で民族独立の動きが始まり、独立を実現していった。ついでに言うなら、日本は太平洋戦争によって、アジア諸国に独立をもたらし、欧米の植民地支配を終らせた、と礼賛する者がいるが、日本は欧米から植民地を奪おうとしたのであって、解放しようという美しい意図があったわけではない。

③　戦争犯罪人を罰する、と述べているが、その為裁判をするとも、どんな法を用いると

いうことも明言していない。

俘虜を虐待せる者を含む（より広い）一切の戦争犯罪（を犯した者）というので、従来の既存の国際法より広い、という想像が出来るだけである。

この点に関し「いかに処罰するかに関しては、条約も先例も慣習も存在しなかった」とロンドン会議のアメリカ代表であるロバート・H・ジャクソンは述べている。

(4)　軍事裁判の是非の論争

①イギリス政府は当初行政処分を望んでいた。

この司法手続には、

（1）危険や困難が伴う（から行政処分、死刑執行又は銃殺が望ましい）。

（2）手続が煩雑で時間を要する。

（3）ナチス等の有罪の立証は困難で、通例の戦争犯罪でないものが多く、ナチスの行為が、そもそも国際法上犯罪といいうるか否か、決して明らかであるとは言えない、というのが理由。

②アメリカが裁判を主張した経緯

一九四四年七月、アメリカ統合参謀長会議は米軍人に対するナチスの戦争犯罪の調査機関を設置してマレー・バーネイズ大佐を主任に任命する。大佐はハーバード法科大学院卒の少壮法律家である。

彼はその上司ヘンリー・スティムソンとハル長官に「犯罪者の審判と処遇」に関するリポートを提出し、そこに英米法系の「共同謀議」という概念が提起された。

これが戦犯裁判の中核をなすことになる。

スティムソンは「公平な裁判」を主張して、即射殺を主張するモーゲンソーと争う。駐米英大使ハリファックス卿も同じく即射殺を主張した。チャーチルも最初のうちは同様であった。

スティムソンの考え方は、「この手続は、権利の章典の少なくとも基本的な見地を体現したものでなければならない」とし「被疑者への告発（起訴事実・補）の告知審理されること（を求める・補）の権利、そして筋の通った限定内での、弁護側証人を求める権利である」といっている。

付加して、「これらの連中に対する処罰にこそ、文明の進歩に調和する、威厳を持った態度を示すことが、後世に、より大きな影響をもたらすことになる」と述べている。（以上は『創

られた「東京裁判」』竹内修司著より）

その後の会議では、国際法規を犯した罪に対する地域別法廷だけでなく、国際法廷や地域をまたぐ混合法廷の可能性が考えられ、更にはナチの全体主義戦争の企みを告発するための「戦争目的を推進した咎をも告発する」可能性にも言及している。

悪事の責任は多数者に分散されている。つまり、個々の責任の追及では賄えないものである。それを後に述べる「共同謀議」の概念により可能にしようとする考えが用いられることになったのである。

ロバート・ジャクソン（ロンドン会議米代表、ニュールンベルク裁判の検察官）は、次のように述べている。

「われわれは、司法手続を用いることこそが公正かつ効果的な解決を保障する、と考える。また裁判によってかれらを有罪と宣告することは当代の世論の最大の支持を確保し、後世の尊敬を受けることにもなろう。加うるに司法手続を用いることは、将来全人類がナチスの犯罪行為の公式記録を調べることを可能にするであろう」

行政処分に対する反論としては、「全ての連合国に共通な正義の基本原則に反するであろう」（つまり、裁判によらずに処刑するのは正義に反する）といっている「行政処分で処刑したなら、敗戦国の国民は戦争犯罪人達を殉教者と見做すおそれがある」のに対し行政処分の利点は、期間が短いことだけである、と述べている。

(5)　これらの論争をみて考えること。

戦勝国は戦勝を正義の勝利として締めくくりたがった。勝者は強かった、ということではなく、この結果は正義に叶う、ということを証明しようとした。それは平和に向けての進歩ではないか。その為、敗戦国側の犯罪人にも適正手続を保障しなければならなかった。裁判手続は正義や公平を具体化するものという世界的な共通認識がある。その採用は必至であるし、また、用いられる法規も人道に対する罪や平和に対する罪といった全人類共通の価値観に副うものでなければならなかった。

但し、「共同謀議」の概念には、目的が正しければ何でも許される式の強引さが感じられ、制限の法理が必要である。

三　東京裁判の決定経過

(1)　東京裁判はポツダム宣言の受諾と先例としてのドイツのニュールンベルク裁判にならうことに基くものである。

その中の「裁判する」との発想はどこから生じたかを探ってみる。

戦争だから勝者が敗者を何の手続きもせず処刑するのは当然、との発想もある。

また、一時代前の戦争は略奪や領土争奪又は相手の勢力の抹殺が目的だったから、相手国の政権を打倒することやその王や権力者を殺すことはあまり問題視されずむしろ当然（戦勝国の自由）であった。

それなのに第二次世界大戦では、何故裁判によって権力者を裁き、その上で処刑しようとしたのか、その発想はどこから生じたのか、ということをまず問題にしなければならない。

ポツダム宣言の第十項は「我らの俘虜を虐待せる者を含む一切の戦争犯罪人に対しては峻

厳な正義に基き（厳重なる）処罰を加えらるべし」とされている。

裁判による、とはなっていないことに注意。ポツダム宣言では、裁判は明確に意識されていない。

一九四五年九月二日ミズーリ号上での降伏文書調印で「ポツダム宣言の条項を誠実に履行すること」の誓約がなされた。これにより戦争犯罪人の処罰が具体化し始める。


ポツダム宣言の中に、まず戦争犯罪人の概念が姿を現す。但しそれは俘虜虐待といった従来の国際法（戦争法）の概念での戦争犯罪である。つまり狭い概念であった。

後にみるように平和や人道に対する罪という構成要件は、ニュールンベルク裁判に現れてはいたが、ここでは未出現である。

別途、戦争犯罪人とは、リストに載せられた者、ということになり、リストアップにより特定されること、が予定されるに至る。
(2)裁判という発想はポツダム宣言以前か、それ以後か。
米（ルーズベルト）、英（チャーチル）、中（蔣介石）の三者はカイロで会談し宣言する。即ち、三者の戦争目的は、日本の奪取した地を返還させることの他、「日本の侵略を阻止し、かつ、これを罰するため」日本を降伏させる、そのため今次戦を戦っている——という内容である。相手国を「罰する」ことそのことと、戦争犯罪人を処罰する、こととは同義でない。

裁判の発想と離れるが、戦争目的を確認していることは興味深い。戦争は悪であることを前提にしていて、然し、この三国の戦争は正当で許される、ということを、いわば弁明しているようなものだからである（戦争の真最中なのに、何故弁明が必要と思ったか、そこが興味深い）。

これから東京裁判がどのように行なわれたかの内容に入ることにするが、その前に太平洋戦争は何だったのか、概観する必要がある。

四　太平洋戦争の概要

⑴　日露戦争以後の日本
日露戦争は、満州の権益を奪い合う国同士の武力衝突であった。日本は満州や朝鮮半島にロシアが進出するのを脅威と感じていた。さらに植民地化の意図があった。日露戦争後もソ連の日本に対する脅威は不変であった。日本は満州の権益を死守しようとする。
そこで満州事変から満州国の成立に至る。国際連盟はリットン調査団を派遣し報告書を提出したが、日本は反発して国際連盟を脱退。そして中国へ進攻する。
⑵　日中戦争の行き詰まり　開始一九三七年七月→中国は首都を重慶に移し抗戦。一九三九年国民政府軍の冬季攻勢。一九四〇年夏、共産軍の反攻（百団大戦）。戦線の膠着と長期化。

その中でドイツの開戦と勝利がもたらされた。

当時の日本の立場は、中国を抑えつつ、英領、仏領の植民地を獲得（ドイツを制して）することであった。その為に日・独・伊の三国同盟、それにソ連を加え四国協商にしたい構想があった（その思惑ははずれつつあったが気付かなかった）。


註　アジアからヨーロッパを追い出し、日本が覇権を打ち立てる構想・欲望があった。

　植民地の解放というのは名目に過ぎない。

　満州支配等の延長、拡大とみるべきである。

　他方、石油の輸入が停止され、その対抗上、南方油田を獲得せんとした（重要国防資源の獲得）。


日本は米英と開戦しながら、何故米本土に進攻しなかったのか。意図はあっても能力がなかったのか。

その疑問に対しては前記理由と、占領した状況で終戦になれば、その占領地は自国のものになる、といった侵略戦争観（旧戦争観）に基く（北方四島返さぬロシアの考えもこれ）ということで解答になるであろうか。

つまり、日本は南方に侵攻した後、適当な時期に戦争を終わらせる。その時点で占領地の権益を確保すればよいといった極めて楽観的な考えがあったのではないか、と思わざるを得ない。第一次世界大戦や他の戦争（ベトナム戦争、アフガン侵攻など）でも同じことが言えるが、開戦当時は限定的武力行使や極地戦を想定するのであるが、開戦してみるとそれは外れて全面戦争へと発展することが多いのである。

「太平洋戦争は支那事変が発展したもの、支那事変と大東亜戦争は一体のもの」（軍費の関係で国会質問があったのに対する賀屋興宣蔵相の答弁。但し、満州事変は支那事変と一体ではない）という、いわば惰性のような戦争なので、米本土への進攻は考えなかったと理解される。同時に全体も終結も考えていない中枢部の姿が見られる。

(3)　日本側の戦争目的

太平洋戦争の目的は、戦前、戦中、戦後は東京裁判でも語られた。そこで政府や軍は、「自存自衛」と言ったり、「大東亜新秩序の形成（又は大東亜共栄圏の建設）」と言ったりしている。但し、戦争目的は開戦決定前は語られず、開戦決定後、天皇が東條に質問しても、「研究中」と返答して答えを先延ばししている（十一月二日）。

十二月八日の宣戦の詔書には米英による対日包囲網の強化が強調され、

「帝国の存立亦正に危殆に瀕せり、事既に此に至る。帝国は今や自存自衛の為蹶然起って一切の障礙を破砕するの外なきなり」とした。

然し、当日の国民向けラジオ放送は「アジアの解放のための戦争」に主眼が置かれていた。当時、政府も国民も米英は日本に敵対する国＝敵国であり、戦って倒す外ない、という意識が強く、要するに相容れない国なので戦わねばならない、という認識に異論を挟む者は居なかった。即ち戦争することは当然で、目的や理由は問題にされなかった。

(何故そうなったか、の原因究明は別の問題、米英が日本の発展を恐れ、種々抑圧的な動きをしたこと。軍事力の比率を不平等にしたり、石油の供給を停止したりしたこと、即ち包囲網を敷いたのも事実だが、日本も米英の警告を無視して中国侵略を続けたことも事実である。それにマスコミのあおりや日本国民の自信過剰＝神国思想や不敗神話も働いているであろう)

そのような状況下での開戦であるから、戦争を正当化しようとする試みがなされることは無かったと考えられる。

(4) 開戦の決定と開戦

開戦決定は一九四一年十一月五日御前会議とする説が現在では有力のようである。

東京裁判でこの御前会議の存在が明らかにされたが、当初米国は知らなかった。

日本はいわゆるハル・ノートを最後通牒とし、これを受容れられない、としてやむなく開戦した、とする説がある。

ハル・ノートとは米国務長官ハルが提示した条件、「日本軍の中国からの撤兵、汪兆銘政権の否認（当時中国は重慶に首都を移して抗戦していたが、日本は汪兆銘の傀儡政権を立てていた）、三国同盟の空文化、など」の対日要求のことである。

ハル・ノートの訳が配布されたのは十一月二十八日であり、この時既に開戦決定はなされていた。また、ハル・ノートは単なる国務長官のメモであって正式文書でないのだから、これを最後通牒とみるのは無理である。即ち、ハル・ノートという最後通牒をつきつけられ、やむを得ず開戦した、というのはおかしい。

先の説は誤りという外ない。

開戦時日本の戦争目的や開戦理由が不明確であったことは先述の通りである。日本人は、相手の意を汲むのが特性であって、開戦の理由を問うても、答える前に相手がとにかく開戦したがっていることを汲み取ると、それ以上の追及をせず、賛否を判断する傾向がある。そのようなことが積み重なって、大勢が――理由も不明確なまま――開戦へと向かうことはありうることである。

太平洋戦争の開戦を見ると、このようなことは今後も起こりうることと感じられるのである。

(5) 開戦の手続き

開戦の手続きについて日本は国際法に違反した、との数々の指摘がなされている。

国際法上要求される手続きは「理由を付したる開戦宣言の形式又は条件付開戦宣言を含む最後通牒の形式を有する明瞭かつ事前の通告なくして戦争を開始してはならない」(一九〇七年、開戦に関する条約。日本も調印している)である。

これにてらすと、「事前通告」はなし。日本が真珠湾攻撃を開始したのは十二月八日午前三時十一分で、野村大使がハル国務長官に対米最終覚書を手渡したのは、同日四時二十分。「開戦の通告なし」とされるその最終覚書の中には、「今後交渉を継続するも妥結に達するを得ずと認むるの外なき旨を通告するを遺憾とする」というのみで、戦争を開始するとの通告はない。

以上のように宣戦布告に関して二重の国際法違反がある。

しかも、事前交渉のなかった、対英、対蘭には文書による通告すらなかった。（対英は、国民への詔書の中で、「米国及び英国に対して戦を宣す」という文言があるが、オランダにはなし。タイにはいきなりマレー半島へ強制上陸して、何らの宣言もなかったから、救いようのない違反である）

この違反は東京裁判では問題にならなかった。何故か。戦勝国が戦争犯罪人個人を国際法上の戦争法規（捕虜虐待等の法規を除いて）に基いて裁いた裁判だったから、国家の違法行為は対象外だったのである。

そこでは、既存の国際法（非戦闘員に対する攻撃を禁じるような）上の罪に加えて「人道に対する罪」「平和に対する罪」といった新たな法が適用されたのである。

(6)　戦況の推移と終戦

当初日本軍は中国のみならず、インド、ビルマ（ミャンマー）、インドシナ（タイ、ベトナム、ラオス、カンボジア）や南方諸島へ進攻して行った。行先はヨーロッパ諸国が支配する植民地であった。

植民地の解放というより、植民地の奪取が目的であったといって誤りではなかろう。軍の侵攻と同時に占領地に商社が入り、利権をあさっていたことも明らかにされている。

然し、物量に劣る日本は延び切った戦線や海、空（制海、制空）を維持できず、米の反攻によって敗れることになる。

ポツダム宣言の受諾が一九四五年八月十五日で、日本は戦闘を停止した。

但し、九月三日の双方の終戦文書の署名が戦争終結日とするのがソ連の態度であり、八月十五日以降も北方四島への侵攻を正当化している(満州への進攻と日本兵のシベリヤ抑留も)。

ポツダム宣言や日本に対する制裁、戦争犯罪者の処罰、軍事裁判については後に詳しく見ることにする。

何故日本は戦争をしたのか、ということに単一の答えはない。

戦争が終った時から六十八年経過した今日、当事国の国民もこの戦争を世界史の中で冷静に振り返ることが出来るようになった。

東京裁判があった為に知られるようになった事実も数多くある。

それらの事実の中から戦争に至らしめた原因を究明し、将来の戦争を予防する見地から、何が重要なのか、何が危険なのか、といった判断や整理をする必要がある。

五　東京裁判の法と被告人

(1)　裁判の実施の前段、準備

一九四五年六月決定の「日本敗戦後の米国主要施策」中に「戦争犯罪人、その他の危険人物」と題する項目があり、「戦争犯罪人は逮捕され、裁判に付され、処罰される。日本の指導者及び戦闘的国粋主義と侵略を鼓吹した者、その他軍政統治の目的に敵対する者は逮捕され、拘留される」と記されている。

九月二日降伏文書調印。「戦争犯罪人の処罰」ということを日本は受入れることを正式に決定したのである。これは合意かも知れないが対等交渉の結果ではない。これにより裁判権は生じると考えられるか。

戦勝国が敗戦国の国民に裁判権を及ぼすことを、敗戦国日本が国として承認する、との意味は認めるとしても、それは個人に対する戦勝国の裁判権が生じることを根拠付けられないのではないかということである。

ではその根拠付けは、どうなるのか。国際法の存在を前提にして導き出す外ないのか。それにはまず第一に事後法（エキスポスト・ファクト・ロー）を用いることはできないので、自然法＝人類に共通の人権思想を持ち出す必要があるのではないか。

第二に拘束権は戦勝国の権利（敵を捕らえ捕虜にする権利）に基く。

この権利は、戦勝、即ち相手に戦闘をやめさせ、その戦闘能力を失わせる為の当然の権利と考えることはできる。然し、戦争終結後はそこから進んで処刑等の権利までは導けない。戦闘中での殺害とは区別が必要である。

第三に裁判権は執行力から、即ち、判決を執行する現実的な力から逆説的に導かれないか。（判決の結果を実現する力がない者に裁判権を認めても無意味であり、逆に人道上処罰が必要と認められる以上、それを実現する実力を有する者にその裁判を行なわせる必要がある。但し、これは理論というものに値しない。現実論である）

では、裁判される個人の側からはどうか。即ち、「日本国民である私が何故日本国の機関でない裁判所の裁判にかけられ、その判決に服さねばならないのか」という問いにはどのように答えるのかということである。

一つの答えは、人には、国家を超える人類共通の、守られるべき権利である基本的人権があり、その侵害の責任を追及する法に違反する行為が認められ、その行為者に対しその法を適用することは、国家を超えて、人類共通の問題であるから日本国以外の機関にも裁判権が認められる、ということであろう。然し、誰にその裁判権が認められるか、ということは、この根拠から導き出すことはできない。

やはり、前記現実論を持ち出す必要がある。

このように裁判権の根拠付けをする努力にどのような意味があるのか、を考える必要がある。どの書物の著者もこのことについて深く考えていないようであり、この視点は法律実務家独特のものではないかと思うのである。そして、東京裁判は〝勝者の裁き〟にすぎない、即ち、単なる勝者の儀式という評価で締めくくらないで、この形を戦争の総括の方法の一つと位置付け、次の時代に引き継がせることは、世界平和実現へ一歩を進める為に必要なことだと思われる。つまり、勝者、敗者の何れが裁判を行うにしても、人類共通の法、普遍的価値観に基く裁判は、勝者にも敗者にも戦争は悪であり、許されない、ということを基本とすることを要求するであろうから、である。

(2) 誰を裁くのか

国家組織上の人間(公務員)をその組織から切り離して個人として処罰する、との考え方(組織の命令により行った行為でも、免責されない)は最初からあった。然し、その考え方は歯止めが必要となる。即ちその限界を定めなければ、全員有責になる。その判断のため、裁判官、裁判制度が必要となる。これが裁判の発想の崩芽でもある。

余談一。東京裁判では「天皇」を始めから免責とした。国家組織上の個人、例えば軍の指揮者は免責されないが、天皇は免責という形で除外された。

そして天皇訴追のためには、一六〇万の軍隊と多数の行政官の増員が必要、とマッカーサーは主張している。マッカーサーは占領下の日本統治には国民の大多数が支持する天皇の力が必要である、と判断した、と推測される。天皇に対する免責の決定は、マッカーサーの占領政策上の必要からなされた(実際に、天皇を訴追すべし、と主張したオーストラリアのような国もあった)ものである。

このように、戦争犯罪人の処罰においては必ずしも理論的に一貫性があったわけではなく、現実の必要性が優先される場合もあったのである。

余談二。ところで、別途日本側でも、戦犯を裁く、という考え方と動きがあった。その理論的構造は、天皇をして戦争を承認させ遂行した（過ちを犯させた）ことへの責任を問うものであった。

それは、残虐な戦争を遂行したこと（それにより、甚大な被害がもたらされたこと――それは双方の当事国、国民に対する加害責任）への責任追及という東京裁判の論理構造とは全く異なるものであった。戦争責任の論理的追及という歴史的に注目すべき課題を探求する上では、次元が低い、と評さざるを得ない。

もっとも、戦勝国が敗戦国の指導者を、残虐行為のカドで裁く、ということは基本的に矛盾がある。自らも残虐行為である戦争を遂行していることを棚上げして、恣意的な処罰をしたとすれば「勝てば官軍」という後世の（歴史上の）批難に耐えられないからである。

その弁明の為に、例えば「平和に対する罪」のような概念や価値観を考え出したとしても、動機においては容認し難いものがある。とは言え、そのような弁明や自己弁護目的の為に考え出された論理ながら、止揚されて普遍性を持つ可能性を内包しているとも言える。

本題に戻り、誰を裁くかの問題であるが、それは戦争をした国家の指導者が裁かれる、ことになる。

但し、その指導者が独裁者でなければ、国家の組織の構成員（国家公務員）ということになるが、そうなれば、その組織上権限を有していた者のどこまでを、又は権限を実際に行使した者のどこまでを問題にするのか、という選別の基準、即ち法規範を確立することが必要となる。

ＵＮＷＣＣ（連合国戦争犯罪委員会。後出）では、その第三委員会が法的検討を行なった。その結果、「戦争犯罪」の概念を次のように定めた。

①　これらの犯罪が犯された領域にかかわらず、戦争を準備し、あるいは開始し、あるいは開始する目的をもって犯された犯罪（犯された犯罪、というのは問を以って問いに答える形になっていて、内容的に、定義になっていない）。

端的にいえば、戦争を準備し、又は開始すること、であろうが、それにしても、戦争の定義が欠けている。

戦争とは、ある国が他の国に対して国家組織として武力を用いてする攻撃（殺戮と破壊）

である、とでも定義すべきであろうか。

また、「領域にかかわらず」ということは、基本的には犯罪は犯罪の行為地の法で裁くのが原則だが、その例外を認める為の配慮である。

② 容疑者の階級はいかなるものであろうと、連合国内で犯された犯罪、ならびに連合国外或いは空中、或いは海上において連合国の公務員或いは民間人になされた犯罪（犯罪の場所的範囲の定義に苦心の跡がみられる。なお、犯罪といっているのが武力攻撃のことなら、彼我の区別がなされていない）。

③ 犯された場所にかかわりなく、人種、国籍、宗教又は政治的信条を理由に、国籍を問わず、無国籍者を含めたいかなる人間に対しても犯された犯罪（犯罪は被害を受けた人間が誰であれ平等に成立する。どのような人に対してなされたかにより犯罪が不成立になることはないという意味で当然である）。

註　ハル国務長官の極秘文書（一九四四・七・十五）を見ると、戦争犯罪についての考え方が明らかになる。そこでは「戦争犯罪」の用語の意味、犯罪の期間、交戦開始前の枢軸国（ドイツ）が犯した残虐行為を対象にするか、枢軸の自国民に対して行った残虐行為を対象とするか、の四点についての基本姿勢が述べられている。

そして、期間は戦争行為が現実に行なわれた期間（日本の場合は廬溝橋事件の時から）とし、宣戦布告の日とは一致しない、等のことを述べるものの、「戦争犯罪」の定義的なものには触れていない。推測するに、念頭にナチス・ドイツの残虐行為——それは定義によらずとも明白であったから——があり、日本の残虐行為について定義するさしあたりの必要性を感じなかったからではないかと思われる。

(3)　どのような方法で裁くのか

1　適用する法規範及び、訴追の手続に関する法規（ルール）は次のようになっていた。

①　戦争犯罪人を裁く法廷を開くためには、戦争犯罪とは何か、を定めること（戦争犯罪の実質行為の外縁）と、戦争犯罪人とは何か、を定めること（戦争犯罪人として有責性を認める限界）が必要であることは明らかである。然し、国際軍事法廷の構想の過程又は第二次大戦終結までは、戦争犯罪は明確に定義されることはなかった。それは後の議論まで待たねばならない。

②「共同謀議」理論の出現

それに対し、戦争犯罪者の範囲を拡大させる目的により、英米法の「共同謀議」理論が採用されることになる。本体である戦争犯罪の定義がはっきりしないのに枝葉が決まっていた、ということになる。

その「共同謀議」（Conspiracy）について以下のように言われている。

二人以上の者が、違法行為を行おうと合意したことが認められることで成立する（勿論、戦争犯罪行為が実行されるか、少なくとも、実行が確実と思われる程度に準備が具体的になされることが前提になるであろう）。

英米法（Common Law）は、大陸法（Civil Law）系と異なり、合意すること自体で犯罪は成立するとされ、その謀議は全員が一堂に会して明示的にする必要はなく、既に成立している謀議に後に合意して加わった者にも共同謀議は認められる（大陸法系の刑法理論だと、そのように広く解釈されることはない）。

このように、ある者につき共同謀議が成立したと認められることにより、即ち、その者が共同謀議の構成員ということが証明されたら（多分それは指導者のある命令、例えば〇〇を攻撃せよ、との命令に従っただけで証明されたことになろう。また、より進んで、そのような指揮命令下に居た、というだけで証明されたことになるかも知れない）、他の構成員のした犯罪行為をも含む全部の行為につき有責として処罰されることになる。

ナチス・ドイツの指導者層を広く処罰するためには有力な理論であったことは疑う余地は

ない（この理論がなければ、個別の責任の立証が必要となり、多数の犯罪者が網の目から逃れたであろう）。然し、その適用範囲においては、構成要件という犯罪行為の確定又は限定がなされないあいまいさの故に恣意的にならざるを得ず、犯罪人とされた側の防御権は侵害されることになり、制度的に又は理論的に、人権侵害性を内包する不十分なものである、と評さざるを得ない。国際軍事法廷は今後もし世界大戦があるとしたら――絶対にないことを祈るが――東京裁判を先例として開かれるものと確信する。それは歴史の流れであると共に、人類の進歩の証だからである。（その場合の適用法規も、共同謀議理論を更に進化させる必要がある）。

付言するに、我々大陸法系を持つ国からみると、「共同謀議」の語はどうしても「共同正犯」の概念を連想させる。この両者は異なるものであるから、訳語を工夫すべきかも知れない。共同謀議理論を要件事実という形で整理すると、それは一定の違法目的をもつ戦争への参加、協力、遂行（その時期は問わない）、といったことを要件事実とすることになるのではないか。つまり共同で謀議をこらすイメージではない。

六　戦争犯罪の概念形成過程

(1)　一九四一年十月二十五日
チャーチル、ルーズベルトは別個に声明を出した。

ルーズベルト　「勝利を得られたらヨーロッパ、アジアの侵略者の暴虐なる犯罪の情報と証拠をしかるべく用いる（裁判のこと）」

チャーチル　「これらの犯罪の懲罰は、今や主要な戦争目的の一つに数えられるべきである」

「犯罪」というからには、何が犯罪か決める為の法を前提にしている。

「懲罰」というからには、刑罰の内容決定の為の手続を前提にしている。

但し、法とか懲罰の決定といっても、これを裁判制度に結び付けるのは早計である。彼らは法律の専門家ではないのだから。

(2)　一九四二年一月十三日　米、独開戦（真珠湾攻撃の一月後）

ロンドン、セントジェームズ宮殿でのヨーロッパ九ヶ国の共同声明。

その内容は「組織された裁判の手続によって　これらの（ナチス・ドイツのこと）犯罪につき有罪の者らを、……処罰すること、を主要な戦争目的に入れる」として裁判手続がより明確に意識され始める。

但し、一般的な規範としての「法」はまだ意識されていない。

それは、この声明がナチス・ドイツに対するもので、その犯罪性（これらの犯罪につき有罪の者、というだけに止まり犯罪の具体的行為が明確にされていないが）は、自明のもの（法を持ち出すまでもない）であったからと思われる。

然し、法律家には、自明であるからということで、その犯罪行為内容を具体的に示す努力をしない、という態度を是として看過することは出来ない。

その席上オブザーバー参加の中国は、対象に日本を含めるよう主張したが却下されている。

このように、出発点はナチス・ドイツの暴虐への懲罰の思想から出発し、やがて日本も（開戦で相手となったので）対象となるに至る。

それにより戦争犯罪と犯罪人の概念は拡がってくる、即ち思考が深められてゆくことになる。

(3) 一九四二年四月十八日　アメリカは日本に勝利した場合の検討を開始する。その中で、首相以下の者を挙げて、それらの者の速やかな拘束を降伏の条件にする、としている。それは、和平成立の為の事後交渉についての人質、と表現しているが、実質上戦争を遂行（指揮、命令）してきた人間にその活動を停止させるための措置であろう。重要なのは、（明確にされている訳ではないが）その者達は、実質上後に戦争犯罪人とされる者達とほぼ一致することである。また、「送致されるべし（拘束）」というが、その後、裁判にかけ処罰する等のことまでは視野に入っていない（天皇は上がっていない）（情報部長ストロング将軍起草の「日本降伏についての米軍の条件」検討より）。

(4) 一九四二年八月二十一日　ルーズベルトの声明（戦争犯罪の処罰について）日本がミッドウエイ海戦で大打撃を受けるより前の段階であるのに注目すべきである。

「勝利が得られた暁には……侵略者たち（ドイツや日本）の、かかる暴虐なる犯罪の情報と証拠をしかるべく用いることである。彼らが今日抑圧しつつある諸国における法廷に立たされ、その行為の酬いを受けることは公正以外の何物でもなかろう」

初めて「戦争犯罪を法廷で裁き、処罰する」という思想が明確に表現、意識されるようになる。然し、戦争犯罪者（被告人）をどのように選別するかの法規範や国際法廷（裁判）の訴訟手続法的なことは触れられていない。

これを受けて、ルーズベルトとサイモン大法官（英）が「連合国戦争犯罪調査委員会」の設立を呼びかける。

一年後、一九四三年十月二十日　ロンドン「連合国戦争犯罪委員会（ＵＮＷＣＣ）」の発足が合意された（一七ヶ国外交団会議）。

この委員会は「法廷を開く権限」は付与されず、戦争犯罪の証拠の収集、名簿の作成、法律の問題の討議をすること、それを各国に提供すること、が活動範囲とされていた。

(5)　一九四三年十一月一日　モスクワ宣言（ルーズベルト、チャーチル、スターリンによる）「残虐行為に関する宣言」

1　残虐行為を行なったものは、戦後、その行為を行なった地の法律により裁判に付せられる。
2　特定の地理的範囲を持たない犯罪、主要犯罪人は連合諸国の共同決定によって処罰される。

1は既存の国際法規と慣例に基く戦争犯罪、例えば俘虜の虐待のこと。

2として「地理的範囲を持たない犯罪、主要犯罪人」の概念が現れる。

当然処罰の範囲が拡がる、そこに一国の指導者を処罰する、との思想が現れ、確立されてゆくのである。「連合諸国の共同決定により、処罰される」ということも。


「共同決定」の語も注目される。

共同決定とは、処罰の根拠となる法規範のことか、決定は判決の意味なら裁判による訴追という手続か、何れの意味にもとれるが、そういう区別は意識されない、未分離の状況を表しているのかも知れない。

「モスクワ宣言」の主たる対象はナチス・ドイツであった。ナチスにおいては、ヒットラー以下顔の見える指導者らによる明白な残虐行為が分かっていたため、法規範や被告の特定は容易と思われていた。それらの検討の必要性は軽視され（後回しでよい）、そのため先が急がれた面がある。

然し、日本の場合はそれが通用しない。指導者はめまぐるしく交替していったので、天皇と東條英機以外は特定困難であった。

カイロ宣言もなされたが、日本の侵略を制止し、かつこれを罰するため……と戦争目的について宣言するに止まった。戦争犯罪人については触れていない。

一九四三年十二月二十九日、米国国務長官代理グルーの演説（シカゴ）。

指導者とその国民の間に一線を画す思想の萌芽とされる。それは、指導者が組織の一員として戦争遂行をしたとしても、個人責任を免責させないことにつながるものであった。その演説は、「……有責指導者、戦闘の背後で行われた暴力的犯罪行為と常識を超えた残虐行為に責任を有する者は処罰され、公平なる酬いを受けなければならない。

かかる国家の人民を、侵略によって抱かされた幻想から永久に脱せしむるために……」と表現している。

指導者が国民に幻想を抱かせて誤導した、その誤導の責任のために処罰するのだ、という考え方が述べられている。

これは、ドイツのみならず、日本の戦争犯罪者にも向けられるという方針が明確になりつつあることも感じさせる。

一九四四年七月、ナチスの戦争犯罪と戦争犯罪者を調査するため、米統合参謀長会議は、調査機関を新設し、主任にマレー・バーネイズ中佐を任命した（バーネイズはハーバード法科大学院出の少壮法律家）。

十月、ハル長官の承認を得て「犯罪者の審判と処罰」という覚書を提出した。そこには英米法の概念である「共同謀議」の採用が提示され、この論理が以後の戦争犯罪人裁判の中核の役割を果たすことになる。

これを陸軍長官スティムソンが採用し強力にこの理論を推進した（推進した、というのは国際軍事法廷を開き、この共同謀議の理論を活用して、多くの戦争犯罪人に有罪判決を下し処刑することを推進即ち、関係諸国を説得して同意を得る活動をしたことである）。というのは、これに反対した者も居たからである。

ヘンリー・モーゲンソーなどは、ナチス党の指導者はその罪証があまねく世界に認められていることに鑑み、裁判を待たずに射殺すべきである、と強硬に主張し、賛同者も居たのである。

英国の駐米大使ハリファックスも、ナチスの戦争犯罪人は裁判なしに射殺するのが最上の方法だ、とスティムソンに話した、とされる。

チャーチルも「即決処刑」「行政処分」をルーズベルトに主張したという（即決の決が判決を指すのであれば、形だけの裁判はする、ということになるが、そうではなかろう）。

一九四五年八月八日、ロンドン協定が戦争犯罪の定義を定めた。それは以下に述べるABCの罪である。

A　平和に対する罪　Crimes against peace

（元々は、戦争の罪 Crimes against war だった、これは英大法官ジョーウイットがトレーニン教授の提言を引いて、平和に対する罪とすることを主張し、米も異議なかったので決った）

平和に対する罪の定義　侵略戦争又は如何なる国際条約、協定、誓約にも違反し、わけても戦争法規の一般条項に違反する戦争を計画し、準備し、開始し、遂行し或いは上記行為の達成を目的とする共同の計画あるいは共同謀議に加わった罪。

この罪の問題点として感じるのは次のようなことである。

①　侵略戦争の定義があいまいである。

他国にその意に反して侵略する行為の全てか。

通常「侵略」とは他国の領土に、その国の主権を侵害する形で、武力を以って（場合によっては抵抗を排して）侵入することである。日本は東南アジア諸国の欧米植民地に攻め込んだが、それは欧米宗主国への侵略なのか。考え方によって植民地、被支配国の意に副った解放だった可能性もある。

②　紛争解決の手段としての一切の武力行使を違法とするのが理想である。

戦争の定義すらあいまいであるからこれをやめて……「武力行使」の概念が用いられるべきである。それも、ある国が国家組織の活動の形態として武力行使をすること。その目的が紛争解決の手段であること。従って、その武力行使は、相手国の主権を侵害し、その主権の国際法上承認されている自由な発動を制圧し、妨害する目的であること。

③　共同謀議の概念はあいまいにすぎる。

国家機関の一員として、国家意思実現の為命じられ、職務上の義務として行なった戦争遂行行為について、個人として責任を追及されることについての理論の構築をどうするのか。

また、権力機構のうち、どういう地位にある者がその責任を認められるべきか。その限界と根拠についての理論的検討がなされなければならない（命令によって銃殺の引金を引いた者は犯罪人になるのか、ならないのか）。

④　究極の理想としては「国際紛争を解決する手段としての一切の武力行使は違法」とする価値観を国際社会で確立すべきである。そのとき、自衛の為の戦争や攻撃を受けて反撃する国の戦闘をも違法という理論は成り立つか、の検討が必要になる。それをしなければ、自衛の為の戦争ということはどの国も主張するからである。

B　戦争犯罪　War Crimes

即ち、戦争法規またはその慣例に違反した罪。占領地ないし占領地域における一般市民の殺害、虐待、もしくは奴隷労働もしくはその他の目的のための追放、捕虜または海上における人民の殺害、虐待、人質の殺害（国際法に反する商船の撃沈。病院船への攻撃）。公的、私的財産の略奪。都市町村の恣意的破壊。軍事上の必要により正当化されざる荒廃を招いた、等。
既存の国際法上の犯罪である。

C　人道に対する罪　Crimes against humanity
即ち、殺人による絶滅、奴隷化、国外追放、その他戦前戦中を問わず、一般市民に対して犯された非人道的行為。迫害。
被侵入国の国内法に抵触するか否かにかかわらず、本国際法廷の法管轄内にある上記行為の促進又は違反の罪。

以上A、B、Cの犯罪のいずれかを犯そうとする共通の計画あるいは共同謀議の立案又は実行に参加した指導者、組織者、教唆者、および共犯者は、何人によって行なわれたかを問わず、その計画の遂行上行なわれたすべての行為につき責任を有する。

註1　この共犯規定というべきものにも共同謀議の概念が用いられている。
註2　BとCの要件事実に重複があり、整理が必要。

特に、Bがあるのに、Cを設けるのは屋上屋を架す面がある。多分、意を尽くしていない舌足らずのものである。例えば、戦争そのものが非人道的なものなのであるから、より厳密に要件事実が詰められねばならない。

別途検討すべき事項がある。

1　自衛の為の戦争は許されるか

①　自衛権の行使として戦争を正当化する理論がある。

自衛権は奪うことの出来ない国家の固有の権利である、と主張されることも多い。然し、その概念はあまりにもあいまいであり、これを法的概念とするのは極めて問題であり弊害が多い。

実際上、殆んどの戦争に於いては、これを正当化するために、自衛の為であると主張される。相手国が先に攻撃あるいは挑発したとか、他国に居る自国国民を守るためとかの主張（弁解）がなされるのである。太平洋戦争は日本の真珠湾攻撃で始まったことは周知の事実であるが、それですら自衛の為の戦争であった、と東京裁判の被告の一人である東條英機は主張した。

要するに、自衛の為の戦争、自衛権の行使としての戦争は認めないことにすべきである。

②　然し、相手国から不当な侵害を受けた国には一切の武力行使も、従ってそのための武

力、戦力、軍隊の保持も許されないのか。

自衛の為の戦争を否定する為にもこのことを考える必要がある。

その一つのヒントとして、正当防衛理論の応用が可能ではないかと思う。ある国家に対する他国の武力行使に対し、その国が武力を以って対抗すること、即ち正当防衛的に武力衝突を起こすことは、仮に認めるとするなら、以下のような極めて限定的条件下で辛うじて容認されるものとすべきである。ただしそれは戦争の口実とはなしがたいものでなければ理論としての価値はない、と言わねばならない。

③　正当防衛理論の応用についての考察

「急迫不正の侵害」　急迫不正とは、防衛国の主権を実力で侵害する行為ということを念頭に置くので、「主権の侵害」とは領土内であることを要する。この急迫した武力行使に対して「已むを得ざるに出でる」とは、防衛の為に国際裁判、仲裁、調停等の平和的手段は尽くしたが、もはやその手段による紛争の解決が困難か期待可能性がなく、そのような手段を採っていては、その間回復し難い重大な損害が生じること、等の要件が具体的に検討さるべきである。

防衛されるべき法益は、主権であり、それを具体化すると、領土、国民、国家組織（社会、経済の基盤を含む）、重要な文化、文化財等である。これらの法益を回復不能な状態に到らせる破壊、武力攻撃に対してのみ実力（武力）による反撃（防衛）が許される、としなければならない。

④　この正当防衛応用論を採用すると、過剰防衛や誤想防衛論の応用が視野に入って来る。即ちそれらは、思い過ごしや思い違いによる武力行使を許さない、という制限理論として用いられることになる。

刑法において正当防衛は基本的には違法な行為と位置付けられていることに注意しなければならない。違法行為ではあるが、正当防衛が認められたとき、違法性がないとして免責されるのである。

これを現象だけ見ると、正当防衛の権利があると思われるかもしれない。然しそうではない。基本的には違法ではあるが、免責されることによって救われるだけのことである。即ち正当防衛の法理は消極的な免責の法理なのである。

自衛権をこれにあてはめるとき、人に正当防衛権があるのと同じように、国にも固有の自衛権がある、と説くのは問題である（詭弁に近い）。例えば殺人行為をした個人は、それが正当防衛と認められたら免責され無罪となる。その行為は一見違法であるが、違法性がない、と判断されるという思考の過程を経るのである。即ち、本来は違法でしてはならない行為を免責するわけである。始めから人を殺す正当防衛権があったわけではない、と考えるのが正しい。

これを自衛権行使としての戦争にあてはめると、自衛権という権利が始めからある、という発想を持つのには違和感があるのである。正当防衛の理論は「やってしまった行為」を事後的に許すための論理だからである。

全ての戦争（武力行使）の違法化と自衛の為の戦争が許されない、とする理論については既に試論を述べておいた。

また、自衛の為の戦争と個人の自衛権を区別して考えるべきである、との考えも既に述べた所である。

2　紛争解決の為の国際法廷

①　裁判権は何によって生じるか（条約によるか、それだと全世界を網羅できない。では如何なる根拠付けが可能か）。

東京裁判はポツダム宣言中に、「受諾すれば戦争犯罪について処罰する、裁く」といった文言があり、これを受諾することにより、宣言国が受諾国に対し裁判権（法、裁判官等当事者の選定、手続その他一切を定める権限）が発生する根拠付けがなされた。

然し、このような前例は参考にならない。日本国がポツダム宣言を受諾したからといって、個人を裁く東京裁判を受け入れたと言えるだろうか。日本国は、そのような裁判を日本国内で行なうことは主権の侵害ではあるが受入れる、という意味では理解できるが、被告人らに対する裁判権は、そこからは生じないと思われる。戦勝国の一方的な権利、という外ないのではないか。

ちなみに、東京裁判の弁護側から、「ソ連は日ソ不可侵条約を一方的に破棄して、日本に宣戦布告して開戦している。そのことはどうなるのか」との追及がなされた（ソ連の開戦が平和に対する罪にあたることは明白）のに対し、ソ連の検事は激怒して、「この法廷はソ連を裁くためにあるのではない」と言っている。またウエブ裁判長も、「この法廷ではソ連参戦は関連性がない」とはねつけた。つまり東京裁判は勝者が敗者に対して、勝者であることに基いて裁判権を行使していて、その法廷では敗者の勝者に対する責任追及の権利は認められていない、それは管轄外である、ということなのである。

敗戦国、即ち戦勝国に対し無条件降伏した国は、その降伏の中に、そのような裁判も受忍するという内容が含まれると言う外ない。それは、武力で勝ったが故にそのような権利を得るとの論理的根拠もない構図を認めることになるのではないか。

敗戦国側の主張も尽させる裁判へと発展させるべきである。

② 裁判権を根拠付けする理論は、国際社会で認められ了解されている自明の理、即ち証明不要で前提となしうる「戦争（又は武力による紛争解決）は悪である」という一般的、普遍的で、かつ確固たる価値観を発想の出発点とすべきである。

③ 然し、「戦争は悪である」と決めつけるのには、それが如何に自明の理であるとは言え、確認作業が必要である（それはそれで相当な労力を要することだが）。

七　戦争犯罪の構成要件について

ある事実に対しある法規にふれるかどうかを判断する、というあてはめをする場合、ある法規の重要な要件とは何か、という思考が必要である。そのような法規の重要な要素が構成要件である。戦争とは何か。武力とは何か。武力の行使とは何か。といったことをあらかじめ明確にしておかないと、その法規を用いることはできないのである。そこで以下論じてみる。

(1)　平和に対する罪はどうあるべきか。

あらゆる戦争は平和に対する罪となるべきである。戦争とは国家が国家組織として他国に対し、武力を行使することである。

目的や手段は問わない。武力の中には化学兵器なども含む。また、ある国からある国に対する輸送を実力で妨害すること（それも電波や通信の妨害により安全航空、運航を妨げることも含ませねばならない）等を含め、実質的に判断すべきである。

そのような国家としての犯罪につき、その政策決定に主要な役割を果たした者を、その公的立場から離れた個人として刑事責任が追及されるべきである。

それは、応報刑の見地からも予防的見地からも、また世界的法益である国際平和の保持のためにも必要である。

ちなみに、これらの罪については、共謀罪や共同正犯、教唆、幇助罪の概念は用いない方向が望ましい。犯罪の構成要件が不明確になるからである。

英米法系の共同謀議理論は特に危険である。

(2)　人道に対する罪

人道に対する罪は自国国民に対する虐殺や奴隷化や追放といった行為を他国である戦勝国が罰することが念頭におかれていて、明らかにナチス・ドイツのユダヤ人への虐殺等を処罰する意図が感じられる犯罪類型である。

つまり、これは特異なケースに対応しようとした（ナチス・ドイツの責任追及というテーマの中でユダヤ人虐待の件は不問にする訳にはいかなかったであろう）特別の規定なので、どの戦争にもこの法規があてはまるわけではない。現に東京裁判でもこの法規は適用されなかったのである。

従って、この法規は戦争犯罪を裁く裁判で必要なものかどうか疑問である。

特に、最近単独行動主義の目立つアメリカは、他国に軍事介入する口実として「人道に対する罪」を持ち出す傾向があるが、その介入の判断は恣意的であり、「自国の利益になると思われるときだけ介入する」という結果になっている（イラクに介入したのに、北朝鮮やシリアには何故「人道に対する罪」を適用しないのか、といったこと）。

つまり「人道に対する罪」の定義があいまいなため、適用は不安定となるし、それは危険でもある。このまま深められないのならむしろ無い方がよいのである。

平和に対する罪は、戦争を開始し遂行する行為につき、その国家と国家の中枢機関を対象にしたものであり、戦争そのものが悪である、という価値観を基礎に置くものであるのに対し、この人道に対する罪は、国家機関が自国民を大量に迫害したことを他国の機関が罰しようとするものであるが、その処罰は、その国の既存の国内法を適用すれば殆どの場合足りるのではないかと思われるのである。

(3) 既存の一般戦争犯罪について

既存の国際法上の戦争犯罪は、時代の変化、国際的な価値基準の変化、特に軍隊や兵器の著しい高性能化に伴う見直しが必要である。

特に核兵器の如き、戦闘員以外の人命を無差別に奪うことが不可避な兵器が開発されたり、それを目的地に運搬する補助兵器が作られているが、その扱い（取締まりや制限、監視）だけでなく、細菌兵器、化学兵器（枯葉剤なども）、無人兵器（ＩＴ兵器）といった非人道的兵器の保有そのものについても問題にすべきである。これをアメリカが主に保有していることから、各国は問題にしていないが、正義や人道の観点からこれに注目し、国際法上、既存の法規を深化させる意味で、アメリカが強国であることに左右されない冷静で客観的な議論をして、理論を構築する必要がある。

最近アメリカが使用し始めた無人のＩＴ兵器を非人道的と感じさせるのは何故であろうか。人間対人間の命のやりとり、という昔ながらの戦争の形からは、その使用は明らかに不公平である。反撃不能、防御困難（狙っている者が見えない）ということもある。殺される側からみると犬や猫のような殺され方である。そのような見地から、このような兵器で殺されるのは人間の尊厳からみて許すことの出来ない兵器と言えないであろうか。

(4)　戦争犯罪と処罰

戦争犯罪を裁き刑事罰を与えるのは、平和を守り、人命や人権を守るためである。それは、過去の行為を対象とする懲罰であり応報でもあるが、将来のための一般予防の見地から、犯罪（戦争）の抑止として先例となり、戦争を目論む者にそれを思い止まらせる効果となり、かつ戦争抑止の為の国際、国内世論形成の推進力となることが期待される。具体的に述べると、戦争を開始しようと思っているある国の権力者は「もし敗けたら裁判にかけられる。そこでは戦争を開始した正当な理由の有無が厳しく追及される。それに耐える理由はあるか」を自問することになり、それが戦争を思い止まらせる抑止力となるのではないか、という期待である。

また、東京裁判によって、戦争が何故どのように起きたのかを国民が知る契機となったこと（国民は真実を知らされていないことが一般である）や、それが歴史的資料として残ることにより、後世の平和に資することが、副次的な、然し、ある面では非常に重要な意味を持つと期待される。

八　東京裁判の法廷はどのように作られたか

(1)　法廷の構成について総論

①　裁判の原則や手続きは、ドイツのケースにならって定めること（これを原則にする）。但し、ドイツのようにヨーロッパ諮問委員会（連合国の協議体）が司法権の主体になるのではなく、連合国最高司令官が権限を行使する形で設立する（その方がドイツの場合より、困難も少ないし時間もかからない）。

ジャクソン判事の上記意見が東京裁判の基礎、出発点になっている。

トルーマン大統領は一九四五年九月六日、マッカーサーに連合国最高司令官の権限を通達し、国家統治の権限が最高のものであること、無制約であること、そして、ポツダム宣言の意向は完全に実行されると述べた。ポツダム宣言にある戦争犯罪人の訴追、処罰の権限のあることも明らかにしている。

一九四五年九月八日、米太平洋陸軍総司令部の地域・法務監部、戦争犯罪支部名の「最高軍司令官指令草案メモランダム」が作成され、マニラの副参謀長マーシャルに届けられているが、マッカーサーは、米太平洋陸軍総司令官でもあった(兼務)。そしてそのメモランダム(覚書)には「極東戦争犯罪人法廷の試案」が添付されていた。

これは、法廷の設立を最高司令官に一任する、という本国の決定に基いて起草されたもの、と見ることが出来る（起草者は後のＧＨＱ法務部長カーペンター大佐)。

②　その草案のメモランダムは「極東で犯された戦争犯罪及びそれに類似する犯罪を調査し、その責任者を訴追する組織の設立に関するものである」との書き出しで始まっている。

そして、ロンドン協定の三つの犯罪の定義にふれた後、「厳密には、戦争犯罪としては知られていなかった行為を含めることは、ヨーロッパにおける合意の革命的特徴である」と述べ、然し、ドイツと異なり、それより狭い概念を用いるべき理由はない、と結論している（ドイツの場合、事後法を用いることで議論があったことを窺わせる)。

(2) 法廷の構成の具体的内容

法廷は、裁判官、検察官、弁護人、被告人と書記官等で構成される。それぞれについて見ていくことにする。

① 被告人　マッカーサーはまず三十九人の戦争犯罪者の逮捕を命じた。昭和二十年九月十一日である。

太平洋戦争開戦時の東條内閣の閣僚達が中心で、それにビルマ、フィリピンなどの政治指導者が加えられた。東條英機は自殺未遂の末捕えられる。下村陸相は、東條に対し、天皇に戦争責任がないことを証言できるのは、あなたしかない、と自殺を止める。

アメリカはアメリカで、東條を裁かないなら東京裁判の意味が非常に薄れる、ということで、最高の治療をする。

以後は逮捕でなく出頭命令（その後逮捕）。

昭和二十年九月十九日　軍人や外交官に出頭命令　小磯、松尾ら十一名。

昭和二十年十二月二日　政界、法曹界、財界、外交官、言論人等の指導者五十九名。

昭和二十年十二月五日　平沼、広田、近衛文麿ら九人に逮捕命令。
アメリカは当初明確な戦犯リストを作っていなかったのである。

東京裁判の裁判所条例第六条は、

「何時たるを問わず被告人が保有せる公務上の地位、若しくは被告人が自己の政府又は上司の命令に従ひ行動せる事実は、何れもそれ自体右被告人をしてその起訴せられたる犯罪に対する責任を免れしむるに足らざるものとする（以下略）」と定めるが、それは組織の一員として、又は公務員として上司の命に従った者にも有責性を認める為の理論である。

天皇は免訴といわれているが、マッカーサーの判断である。オーストラリアの検事から天皇を訴追すべし、との意見が出たこともあったが不採用となったことは既に述べた。

② 検事
検事団の首席　ジョセフ・B・キーナン検事（リベラルな法律家と言われている）
五人の検事が同行した。そして、一九四五年九月十日 SWNCCのマッカーサー宛命令書には――（ヨーロッパと同様の）「調査と告発の為の機関が降伏文書署名各国からそれぞれ一名の主任検事によって構成さるべきである」としている。

マッカーサーの指示は、

事後法批判の回避

早期開廷

東條内閣閣僚の起訴

の三点であった。

マッカーサーは国際検察局の局長にキーナンを据えた。首席検事と称し、他国の検事は参与検事とも呼ばれる。

このように、被告人の選出と検事局の組織はマッカーサーによって作られたのである。検事には自ら捜査して立件することを通じて被告人を特定し（立件し）起訴する権限はなく（若しくは行使せず）、マッカーサーが命じて作らせた名簿の者を被告とするよう求められ（命ぜられたに等しい）、その者の罪状について捜査し、裁判で訴追した。裁判が政治的なものであったことを物語るものである。検事局の役割りは、リストから被告としない者をふるい落とす作業だけだった。

③　裁判所、裁判官

極東国際軍事裁判所憲章（抄）

（裁判所の設置）

極東に於ける重大戦争犯罪人の公正且つ迅速なる審理及び処罰の為め茲に極東国際軍事裁判所を設置す。

裁判所の常設地は東京とす。

これが東京裁判の為の裁判所設置の根拠法である。

然し、このような裁判所の設置には、裁判権が何により発生するのか、が問われなければならない。

東京裁判では、ポツダム宣言と日本の受諾、ということが根拠として考えられる。が然し、ポツダム宣言はあくまでも一方的宣言にすぎずその受諾は無条件降伏の意思表示である、と解されている。宣言と宣言の受諾は条約の締結ではない、と解されている。とすれば、一方的裁判権の宣言で裁判権が発生したと考えねばならないが、そこに無理がある。無理ではあるが裁判は行われ刑の宣告も執行もなされた。ということは誰も異議を唱えなかったから、無理な事実が通ったのである。

今後の参考にしてはならない点である。

裁判権は誰に対し、誰を服しめる裁判権かも問題になる。

戦勝国は相手の敗戦国に対し裁判をすることが出来る、とする考え方も可能かも知れない。無条件降服なら一層それは認め易いかも知れない。

然し、相手国でなく、相手国の個人に対する裁判権を何によって根拠付ける理由たらしめるか、ということになると相当困難な問題となる。

ナチス・ドイツのユダヤ人の大量虐殺のような誰の眼にも明らかな残虐行為があり、何としてでもその制止が求められる、又は事後的に再発防止の為のみせしめ的懲罰を科する必要がある、と万人が認めるような場合に限れば、その残虐行為そのものに裁判権発生を根拠付けることは可能かも知れない。それは世界に通用する普遍的な「正義」の要求といえるからである。そのような異常な残虐的な行為は、逆に言うと稀有の事例に属するから、「戦争行為」(それは元々残虐行為なのだから)そのものから裁判権が発生するということを論証するのには困難を感じる。むしろ、異常な残虐性のある戦闘行為、大量殺戮が裁判権を発生させる、というのであれば非戦闘員が大量に犠牲となった広島、長崎での核兵器の使用こそ裁判権を発生させるものと言うべきであるが、戦勝国であるアメリカを相手に敗戦国である日本は、その主張が出来ないでいる。それは理論的にも出来ないのか、ということを核戦争予防の為にもきっちり整理をしておく必要がある。

第五条　人、並びに犯罪に関する管轄

本裁判所は、平和に対する罪を包含せる犯罪に付き個人として又は団体員として訴追せられたる極東戦争犯罪人を審理し処罰するの権限を有す。

左に掲げる一又は数個の行為は個人責任あるものとし、本裁判所の管轄に属する犯罪とす。

(イ) 平和に対する罪　即ち、宣戦を布告せる又は布告せざる侵略戦争、若しくは国際法、条約、協定又は誓約に違反せる戦争の計画、準備、開始、又は遂行、若しくは右諸行為の何れかを達成する為の共通の計画又は共同謀議への参加。

(ロ) 通例の戦争犯罪　即ち、戦争の法規又は慣例の違反。

(ハ) 人道に対する罪　即ち、戦前又は戦時中為されたる殺人、殲滅、奴隷的虐使、追放、其の他の非人道的行為、若しくは犯行地の国内法違反たると否とを問わず、本裁判所の管轄に属する犯罪の遂行として又は之に関連して為されたる政治的又は人種的理由に基く迫害行為。

上記犯罪の何れかを犯さんとする共通の計画又は共同謀議の立案又は実行に参加せる指導者、組織者、教唆者及び共犯者は、斯かる計画の遂行上為されたる一切の行為に付、其の何人に依りて為されたるとを問わず、責任を有す。

管轄、という語を用いているが、(イ)、(ロ)、(ハ）の各罪及びそれらの共同謀議の罪につき、その行為者を裁く裁判権のあることを宣言し、かつ裁判権の限界をも定めているのである。

ただ、この条文からはどの国の誰が実際に裁判権を行使する裁判官となるのか触れられていない。

第二条　裁判官は降伏文書の署名国九ヶ国にインド、フィリピンを加えた十一ヶ国（米、英、仏、蘭、ソ連、中国、豪、ニュージーランド、カナダ、インド、フィリピン）から各国一名計十一名と定められた。アメリカもたった一名ということは、何の議論もなかったのかと不思議に思う。

④　弁護人

被告人は各人が自分の力で日本人弁護人を選任した（弁護士資格は問わず）。GHQ（連合国総司令部）の斡旋によりアメリカ人弁護士も選任された。予想に反し、アメリカ人弁護士は職業意識が強く、かつての敵対国の指導者ではあっても、職業意識を優先させ、極めて良心的で好意的な弁護活動をしたのである。

弁護についての二つの流れがあった。それは、

個人弁護　国策に従ったが、自分は内心国策に反対だった。

国家弁護　国家の為に滅私奉公したのである。公務員の職責上の正当行為をしたので免責される。個人の責任はそれと分離することは出来ない。

とするものであった。

検察官の活動　即ち、捜査権と訴追権・公判維持活動についての刑事手続的なものや、被告人の権利に関する規定はなかったと思われる。

付　裁判所の活動　裁判権（管轄権ともいわれている）に基く審理が通常の裁判に準

じて行なわれているようであり、法廷の秩序の維持や証人・証拠の採否で、この裁判所に特有のルールがあったとは認められない。ただ法廷の用語は英語と日本語に限られていた。

判決の書式やそれに至る合議はなされず、多数派の裁判官が判決を作成した、と言われる。少数意見や反対意見の取り扱いもあいまいなため合議にも付されなかった。

また、判決や意見の公表のルールにもあいまいさが残る。

九　東京裁判の審理と判決

(1)　東京裁判の審理、概要

昭和二十一年五月三日　第一回、その後三七〇回の公判を経て　昭和二十三年三月二日論告終了

昭和二十三年四月十五日弁論終了　昭和二十三年十二月二十三日判決宣告

判決。全員有罪。死刑七名、終身刑十六名、有期刑二名

ニュールンベルク判決に比し苛酷、といわれている

註1　ニュールンベルク裁判の判決。被告二十二名中死刑十二名、終身刑三名、有期刑四名、無罪三名（一九四五年十月十八日開廷～一九四六年八月三十一日終結、十月一日判決）

註2　判決文の翻訳は東大の横田善三郎教授が当たった。

総計四一九人の証人、七七九通の供述書の外に書証（計四、三三六通、約九〇〇万語、四

八、四一二ページの書証）の取調が行なわれた。
審理は検察側　冒頭陳述と立証（書証、人証随時提出）
弁護側の冒頭陳述と立証、それぞれ補充立証、検事の反駁立証
弁護側の再反証を経て論告がなされたが、求刑はなされなかった。検事はただ抽象的に「実行した犯罪に相当する厳罰」即ち「人類の知る最重刑（つまり死刑のこと、とキーナン検事はコメントした）」に値する、とのみ主張した。全員に死刑を求刑したと解されなくはないが、全員最重刑（死刑）を相当とするが、それ以下の刑でもよい、つまり量刑は委せる、求刑は放棄する意味と解される。
裁判長にはマッカーサーがオーストラリアのウエブ裁判官を任命（アメリカ色を薄める為）した（ニュールンベルク裁判は四ヶ国互選）。
マッカーサーは、絶対に裁判は敗けられないが、裁判官をアメリカ人ばかりにすると、始めから結果は明らかになってしまうので、少なくとも見かけ上の公正さを確保するため、あえて戦勝国から一人（原則）の裁判官を選び判事団を構成したと思われる。

(2)　検事の主張立証

①　起訴状　起訴されたのは軍閥なのだ、という。

その軍閥は、重大な世界的紛議及び侵略戦争の原因となる政策をたて、平和愛好諸国民、日本国民の利益を損った。

具体的には、他国の支配とその搾取を目的とし、平和に対する罪、人道に対する罪を犯した。そのため、共同謀議をした。一はアジア太平洋地域の支配、二は独、伊と共に世界の軍事、政治、経済支配を目的とする謀議である。

②　証人　溥儀。田中少将。南京事件の立証のため。

(3)　弁護人の主張、立証

①　法律的主張

冒頭の認否で、被告人の中には無罪の答弁を潔しとしない者が居た。しかし、争うと言わなければ証明が不要となり、実質審理に入ることができなくなるので、弁護人の活動の余地がきわめて少なくなってしまう。そこで弁護人らは被告人を説得して、争うとの答弁をさせたのである。

(自殺者も相次いだ。嶋田海軍大将、杉山元帥、小泉親彦軍医中将、橋田邦彦元文相ら。武

人としての生き方を選択したのであろうが勝者の裁きを拒否したという側面もあるか）

清瀬弁護人は、まず妨訴抗弁（管轄権に対する異議申立）を提出する。

ウエブ判事に対する忌避申立もなされた（同判事は日本の残虐行為を調査し豪・英政府に提出した前歴があり中立でない）。

法廷の裁判官は憲章に基きマッカーサーに任命されたのだから誰も欠かせないとして忌避申立は却下された（これは理由にならない。それではこれは法廷でなく行政処分庁であることを認めたことになる、と児島襄は言う）。

妨訴抗弁の内容。戦争犯罪もポツダム宣言十条に明言してある「我らの俘虜を虐待した者を含む戦争犯罪人」即ち、宣言を発表した当時に知られている戦争犯罪である戦争法規違反者だけが対象になるべきであるという趣旨。裏返せば、事後法による裁判はポツダム宣言の合意外であるということ（事後法による処罰一般を不可といっていない）。裁判権の発生の根拠はポツダム宣言受諾、降伏文書調印にあることは認めるが、事後法による裁判は、その範囲外である、と言っている。ドイツは全土で戦って無条件降伏した。日本とは違うというのである。

期間もポツダム宣言は太平洋戦争終結の為であるから、この戦争に限られるとも抗弁した。

② 弁護の内容

個別の起訴事実に対する反証や認否主張はなされたのであるが、詳細は省略する。

ただ、弁護士間で「国家弁護」か「個人弁護」かという方針の対立があった。

即ち、国家を悪者にして個人に責任がない、という弁護方針の是非である。

個人弁護だと責任のなすり合いや足の引張り合いが起こる。

また、天皇に責任を負わせない、という基本的な方針について合意が成立していた（個人としての自分に責任がない、ということは、詰まる所天皇が悪い、ということになるという構造になっている。それは全員が避けた理屈である）。

主たる弁護側の（主張）活動

東京裁判に対する根本的問題点の指摘

一　清瀬一郎の異議とアメリカ人弁護人の異議

① 清瀬の異議。ポツダム宣言では「戦争犯罪人」と称する者に対する裁判、訴追はでき

るが、戦争犯罪人と称せざる者の裁判をなす権限はない。
連合国においてかくの如き罪に対する起訴をなす権限がないのであれば、連合国から権限を委任された連合国最高司令官はやはりその権限はない。

註　ポツダム宣言に裁判権の根拠を求めるのであれば、戦争犯罪人としては平和に対する罪や人道に対する罪を犯した者は対象外である。ポツダム宣言の対象とされているのは、通常の、又は既存の戦争犯罪人のみを裁判にかけることである。従って、連合国最高司令官に対してもそのような権限を与えることは出来ない。

ポツダム宣言当時存在しなかった法規に基く裁判権は与えようがない。ということで、事後法による裁判は許されない、という主張をしている。

② アメリカ人弁護士の主張

新たに平和に対する罪や人道に対する罪を本法廷憲章により制定することは、事後法の制定となる。事後法で人を処罰することは出来ぬ、と主張している。

清瀬の反論は第七回の法廷で却下された。

裁判所条例はこの法廷を支える法的基盤であるとして、却下の理由としているが、清瀬の異議は裁判所条例の根拠を問題にするものなのだから、これでは裁判所条例は絶対である。それに対する異議は許さない、駄目なものは駄目だ、と言っているように聞こえる。

このように、この裁判は戦勝国の敗戦国に対する裁判、という力関係で行なわれた裁判にすぎないという限界を露呈している。

二　高柳賢三の最終弁論

「われわれはこの歴史に先例のない刑事裁判において、その画期的判決をなすにあたり、確立した国際法のみに基くべきことを裁判所に対し強く要請する。法の認めない犯罪にたいし事後法に基づき厳刑を科するがごとき正義にもとる処置は、必ずや来るべき世代の人々の心情のうちに遺恨を残し東西の友好関係と世界平和とにとって不可欠な欠くべからざる恒久の和睦を阻害する原因を作るであろうことは、賢明にして学識ある裁判所は満々御承知のことであろう。

来るべき世代の東洋の人々が、いな人類全体が、この画期的判決を広い歴史的視野から振り返って眺めるとき、三世紀にわたる期間において西洋の政治家や将軍がその行なった東洋の地域の侵略について処罰を受けたことが一回もなかったことを想起して、かれらは、東洋の一国の指導者に対し事後法に基く処罰を行なったことについて大いなる不正が犯されたとの感想を抱くに至るかもしれない」

この論はインドのパール判事の意見に通じるものがある。歴史の視野を欧米の植民地支配の時代にまで拡大したら、東京裁判はどういう位置付けになるか、という傾聴に値する論点である。

それは単なる事後法による裁判への反論を超えている。侵略戦争なる用語が出ることにより、植民地支配の行為（それは武力を背景にした制圧の成果に外ならない）が侵略ではないのか、という問題は必然的に出て来る結果である。

三　弁護人の主張とそれに対する判断

(1)　裁判所の管轄に対する弁護人の異議

1、連合国は、最高司令官を通じて「平和に対する罪」を裁判所条例に含め、これを裁判に付しうると指定する権能を有しない。裁判権の根拠を問うたもの。

2、侵略戦争はそれ自体として不法なものではない。戦争を放棄したパリ条約は戦争犯罪の意味を拡げていないし、戦争を犯罪であるともしていない。

パリ条約は、戦争を放棄しているが、それが犯罪だから、といった理由付けをしていない。即ち、侵略戦争を犯罪としたり、そこから派生する犯罪も国際法になっていないとの主張。
3、戦争は国家の行為であり、それに対して、国際法上個人に責任を負わせることはできない。戦争犯罪を前提にして、その法を適用して犯罪者として敵国の指導者を個人として処罰することは、何故可能であるのか。行政処分でなく裁判である以上構造的に問題である。戦闘中の行為は、個別に殺人罪の実行行為となるのか。またどのような行為なら殺人の実行行為にならないのか、明確にする必要がある。
4、裁判所条例の法は「事後法」であり、従って不法（この法を用いて裁判手続をすることは許されない。又は判決しても無効である）である。
以上四つの異議について裁判所は、まず、「裁判所条例の法は本裁判所にとっては決定的であり、これを拘束するものである。従って、これらの異議を却下すべき形式上の拘束を受けている」といって却下。裁判所条例は絶対であり、我々は異議を認めて裁判を終わらせることは出来ない、と言っている。だめなものはだめだ、というに等しいことにならないか。

判決はこれに付言するに、「戦勝国であっても、確立した国際法等と矛盾するような法律を制定する権限を付与する権限を有するものではない。交戦国は、国際法の範囲内で行動出来るにすぎない」とした。
しかし、その上で「遡及的立法の禁止は主権を制限するものではなく、一般的正義の原則の方が優先する。侵略国が罰せられずに済まされることの方がより大きな不正義である」(侵略国が罰せられずに済む、とは、侵略国の戦争指導者のことか)
この判決は事後法を有効として用いたが、それに対する批判をかわす為、相当苦心したことが覗われる。
「一般的正義」の意味が問題であるが、事後法禁止の原則より「一般的正義」を優先させることは主権の作用で可能である、と言い切っている。この論が一人歩きをするのは危険である。人権との関係で「一般的正義の原則」の概念を深化させる必要があると思う。

その他の異議

5、ポツダム宣言とその受諾は、通例の戦争犯罪のみを処罰の対象とするものであった。事後法である平和に対する罪や人道に対する罪は用いられない。
この異議について判決は侵略戦争はポツダム宣言より以前から国際法上の犯罪だったから、弁護側の主張するような限定的解釈をする必要なし、として却下。事後法で何が悪い？といっている。

6、交戦中の殺害行為は殺人ではない。戦争は当然殺人罪に該当する行為をすることを含むのであるから、戦闘中の個々の行為を取り上げるのは不当である。判決は、不法な戦争であるか否かによって殺人になったりならなかったりする、と論じた。それだと、勝てば官軍式に、負けた国はいつも不法な戦争及び殺人をした、ということにならないか。

7、捕虜の権利に関する異議。内容不詳につき省略。

(2)　認定

アジア太平洋地域の支配を目的とする共同謀議は成立を認めたが、独、伊と共に世界の軍事、政治、経済の支配を目的とする共同謀議の成立は認められない、とした。

(3)　判事の意見

十一名中八名が多数意見。更にその中の二名は（ウエブ裁判長と比のハラニーヨ判事）特定の問題につき個別意見を出した。

残る三名、ベルナール判事（仏）、レーリンク判事（蘭）、パル判事（印）は少数意見を出した。

（付）リチャード・H・マイニア　マサチューセッツ大学歴史学部准教授（一九七二年当時）の問題点整理を要約摘記する（憲章の語が条例と訳されているが訳文のまま引用する）。

(1)　共同謀議　国際法上の犯罪といえるか。

キーナン：これは文明国家の大部分に知られ、十分認められた概念である。

高柳：英国法制史上の独特の所産でこの理論は変則的かつ偏狭で、もたらされる結果も芳しからず（フランシス・セイヤーの論）。

何人と雖も他人と協力した者は後日未知の裁判官の予断的な好悪や偏見により自由が左右されかねず、法による裁判とは対蹠的である。

この高柳の主張は、パル判事、ウエブ判事により支持された。

(2)　国際法上の個人責任

キーナン：このような国際法上の先例がないことを認めているが、先例がないからといって戦争を始めた者を処罰せずに放置することは出来ない。その者達を文明により裁かねばならない（そうしないのは非文明である）。

高柳：義務と責任は国家及び国民に対してのみ課せられるのであり、個人に対しては課せられない、というのが国際法の一般原則である（スパイや海賊などは個人無責任の一般原則の例外にすぎない）。

高柳の主張はパル判事が支持しハラニーヨ判事も同調したが、最後は同判事は先例がないなら作れるとしてキーナン主張を支持する多数意見に同調した。

(3)　侵略戦争　これは共同謀議に基いて遂行された戦争の性格に関するものである。

伝統的な国際法によればアメリカの対独参戦を正当化することは不可能だった（独は米に対しては武力攻撃をしていないのだから）。侵略戦争が犯罪であるから参戦は正当である、とするのがアメリカの主張であったが、これに対し、英も仏も反対した。侵略戦争は違法であるのか。そうだとして、何故米がこれに戦争をしかけることが許されるのか。米の理由付けはこの時も、最近での湾岸戦争やイラク戦争、アフガン進攻の時も（遡ってベトナム戦争でも）場当たり的なものである。

この理由だと、何故イスラエルのパレスチナに対する武力行使に介入しないのか、理由が付けられない。

要するに米の武力行使の理由付けは恣意的であり、（自国の利益になる時にのみ）やりたいときにはやる、ということになっているのではないか。

侵略戦争の意味もあいまい。即ち、領土の侵略でない戦争も侵略戦争というのなら、侵略戦争でない戦争はないことにならないか。

多数意見は「パリ条約に署名した国は、それ以後国家的政策の手段として戦争に訴える国はどの国もこの条約に違反する」と述べる（それなら米の武力行使は全て違反になりそうである）。

尚パル判事はこのような多数意見の論理に対して「敗れた戦争だけが犯罪であるというのが法として残るだけ、と皮肉る。
(4)　侵略の定義　米はニュールンベルグ裁判で侵略戦争を定義しようと試みたが不成功に終っている（独が裁判で、自衛の為の戦争であったと主張するのを封じたかったのである）。
東京裁判もニュールンベルグ裁判も、判決では侵略の定義をしなかった。「これらの戦争を侵略戦争と名付けないわけにはゆかぬ」というに止まった。

出された案として、「最初の又は挑発されざる攻撃」といったものや「紛争の平和的解決の合意をしながらそれを破った者」といったものがあるが、明らかに不十分である。

このような判決の理由だと、「侵略が何か分からないが、独と日が侵略したことは分かっている」ことになる。

レーリンク判事は、日本の行った戦争はどう見ても侵略戦争なのだから、定義は不要との立場であった。それは思考の放棄である。

パル判事は、定義は絶対必要。それは法の最も本質的属性である。個々の裁判官の個人的好みや属性による判決を許してはならない。人類の通念や一般的道徳的意識を用いる判断は、法の本質的属性である断定性を奪うものである、という。

参考として述べるが、その後国連一九七四年決議は、「兵力による他国領域の攻撃」といった例示をし、その判断を安全保障理事会（拒否権あり）に委ねている。然し、これも不十分である。例えば国境が不明確なために戦争となった場合、一方の当事国は相手国が侵略戦争をした、と主張し、当事国はお互いに同じ主張をすることになる。そしてその当否の判断は極めて困難である。

(5)　事後法　米・英・仏・ソ間で事後法という問題では激論があった。米は容認、仏は反対、英は回避（行政処分）、ソは独への報復さえできれば、という立場をとる。
パル判事：勝利は勝者に対し、無制限の権利（何でも出来る）を付与するものではない。

昔のように敗者をすぐに殺した時代とは違う。そうすることは数世紀に亘る文明を抹殺することになる。

レーリンク判事：事後法ではあるが、自由や正義のためには許される。

多数意見：「法なければ犯罪なし」という格言は、(国) の主権を制限するものではない。侵略者がこれにより罰せられないことこそ不正義である。

(6) 不作為犯　起訴の対象とされたのは次の不作為であった。即ち戦争の法規、慣例の「遵守を確保しその違反を防止するのに適切な手段を執るべき法律上の義務を故意又は不注意に無視し」たこと (訴因五十五)。

この訴因に対しては事実認定の面でも疑問であるが、パル判事は裁判所条例上でもこれは罪にならない、と主張。ベルナール判事は「防ぐことが出来たのに防がなかった者」のみに対象を限定しようとし、レーリンク判事も範囲を限定しようとした。

その他、展開された議論の中には、法律家にとり興味ある議論は多いが、それを詳細に論じるには筆者の能力が不足している。

十、東京裁判に適用された法と問題点

(1)　東京裁判で適用された法の中で、既存の戦争犯罪を除く、平和に対する罪、人道に対する罪とそれらに対する共同謀議の理論が問題となる。

然し、その前提となる裁判権（管轄権）の発生の根拠、事後法による裁きではないか、との疑問及び、組織上の行為の個人責任追及の論拠についても検討をすべきである。

(2)　裁判権

裁判権とは裁判の対象が国家である場合、その国家が裁判、判決に服する、ということが前提となる。国家の主権は、原則不可侵であることを考えると、その主権ある国家が判決に服する、とはどういうことなのか。

その国が裁判に服することに合意（受諾）しているならその理由付けは不要である。然し、それがない場合にも裁判権がある、とする根拠をどこに求めるか、が問題である。

そのようにして、裁判権が認められるとしても当然極めて限定された形でなければならないと思われる。

例えば、という形でしか言えないが、大前提として、「国家間の利益が衝突し、一方の利益を守るためには他方の行為を制約する必要があること」。「更にその利益を守る必要性が、世界人類にとり共通の価値観に基くこと」、及び「その守られる価値が極めて重要でかつ重大であり、もしそれが侵害されたなら回復し難い損害を生じること、その危険が切迫していること」等の要件が考えられ、具体的には戦争行為(平和に対する罪)や多数の人命の保護(人道に対する罪)といったことに対してある国の他国に対する裁判権は認められるべき場合もあるであろう。

そのように考えても尚、そこに裁判権が発生する根拠を何処に求めるか。究極的には、国際法上、慣習法と認められるまでに、事例の集積が必要である。

然し、現代の国際社会において、国家間に内在する自然法の要求である、と国家を抑制する裁判権を発生させる理由付けが出来ないであろうか。

現代においてアメリカの他国に対する武力行使は目に余り、決して肯定されるものではないが、「テロとの戦い」「大量破壊兵器」などの為に武力行使をするとの理由付け、自己弁護がなされている。その中で平和や多数の人命が守られるべき法益として揚げられていて、その法益が世界人類共通の価値であることは、一見間違いない。しかしそのこととアメリカが武力行使することを放任することは、問題が異なる。武力行使を抑止して、国際的法廷の力で守ることはできないか。そのための裁判権が認められるような理論構成が出来ないか、というこことがテーマである。

(3)　裁判所設置法

東京裁判における裁判所の設置に関しては、誰がその設置権限を与えたのか。与えられたのはマッカーサーであり、それを告げたのはアメリカの大統領ルーズベルトであった。恐らく米、英、中の協議によるポツダム宣言の折にアメリカがその権限を持つことが内定し、その後他の国の仏、ソ、豪らが参加し、裁判官、検察官を出して同意したと思われる。

裁判をすること、その為に裁判所が設置されること、誰がそれを（主導）するのかについて、民主的に関係国の意見を聞いて定めた形跡はない。敗戦国については当然乍ら意見や弁解を聴く機会は与えられていない（ポツダム宣言を受諾することにより、宣言内容の条約や合意が成立しているのではない、ということは確認されている。戦争犯罪の意味についてポツダム宣言の範囲内、外という反論を日本に許さない、という意味で)。

(4) 極東国際軍事裁判憲章の制定権

アメリカ大統領がマッカーサーに権限を与え、マッカーサーが制定した。

この中に、裁判所設置法や適用する法についても、そして天皇を訴追しないことまでが含まれる。

裁判権や裁判所設置法、更には適用法にまで及ぶ広汎な規定を設けるような憲章制定権は(2)の裁判権を基礎にして導かれなければならない。即ち、裁判権の目的に対し適切な手段である必要がある。

例えば裁判官の構成の中立性保持の為の仕組み、適用する法の内容をどのようにするか。その十分な配慮そのものが一面では裁判権の正当性を根拠付けることにもなる。

(5) 適用する法

その一　平和に対する罪の検討

① 侵略の定義

「侵略」には次のような定義もある。

左の行為の一を最初に為したる国は（紛争当時者国間に実施中の協定の留保の下に）国際紛争における侵略国として認められるべしとして以下五項目あり、その中に、「他の一国に対する開戦宣言」「開戦宣言なしと雖も右の国の兵力による他の一国の領域への侵入」とされている（一九三三・七・四　ロンドンでのソビエト、ルーマニア、チェコスロヴァキア、ユーゴスラビアの四国の条約。後、アフガニスタン、エストニア、ラトビア、ペルシャ、ポーランド、ルーマニア、トルコ、ソ連の八ヶ国を加えた条約となる）。

（日本への拘束力はないが、侵略の解釈の手掛かりにはなりうる）東京裁判で検事側証拠として提出された。

厳密にいうと、太平洋戦争で日本は欧州諸国の植民地に進入したかも知れないが、その本国の領土へ進攻したことはなかった。それを「侵略」というのには無理がある。せいぜい自衛又は防衛のための戦争ではないものを「侵略」戦争と呼んで区別する（侵略の意味からは離れるが）程度にしか「侵略戦争」の概念を用いることの意味は認められない。

② 事後法かどうか

国内法があり例えば刑法典が既に存在しているが、その中に定めのなかった刑罰規定を、行為がなされた後にそれを犯罪であると定めるのなら、明らかに事後法でありその適用は許されないであろう。例えて言うと、泥棒を捕まえてから刑法を作ったのと同じではないか、という議論が、事後法の議論である。

然し、国際法の世界には国際刑法典と呼ぶべき成文法は存在しないので、事後法という概念を持ち出すことは場違いである。刑法典がないとしても殺人、窃盗、破壊など誰もが認める罪は、国際法廷においてそれを適用することを事後法として否定するのは不合理である。ただし、人道に対する罪、平和に対する罪、共同謀議等の法概念を適用しようとするとき、その定義、即ち構成要件があまりにあいまいで法的な安定性を欠くこと、即ち適用しようとする者（権力者や裁判官）の恣意的な解釈がなされることこそが問題である。その定義はこれからの課題である。

その二　人道に対する罪の検討

① 人道に反する、ということの意味。

この罪の構成要件があいまいであることは既に指摘した。

「人道に反する行為」は許されるか、と問われると、それは許されないと誰もが答えるであろう。然し、「何が人道に反する行為か」、という問いには様々な答えがありうる。

つまり、刑法の規定とするには、あまりに漠然としていて、人道に対する罪を法律として規定するのは不適切である。殺人や傷害といったような行為の具体性を明らかになしうる低い次元で定義する外はない、と思われる。

ナチスのユダヤ人大量虐殺などを人道に対する罪として問題にできるか。

このような犯罪は既成の刑法にないものである。それらを単に大量の殺人として裁くことは適切ではない。権力者やその組織にしかできない犯罪であること、動機は殺人罪のものと質的に異ること、などを考えると、特別の構成要件と刑罰が規定されるべきである。

その罪は、人間の尊厳を踏みにじるような動機（例えば人種的偏見）や規模（大量被害）、態様（人道に反する残虐な手段）などを構成要件の要素とすることが予想される。

その三　共同謀議の検討

共同謀議は、先行行為がありそれを容認して追従する行為をした者にも適用され、しかも、追従者に先行行為者の責任をも負わせる、という法理論である。

これに対し、それぞれが自己の行為にのみ責任を負うのが刑法の大原則である。従って、この法理は容認できないものである。

処罰が必要であるのなら、共犯の類型として謀議参加罪のようなものを考えるべきである。逆にいうと既成概念の教唆や幇助とは異なるので、その共犯規定は用いられない。即ち、共犯者間では共通の目的といったように意思が通じ合うことが要件であるが、この場合はある目的をもった他人の行為に参加するのであるから、意思が通じることは要件でなく、片面的な意思の通じ方である。

戦争といった組織的にも権力的にも大規模な行為に後に加担する行為を罰するためには、このような理論も認める必要性はあるかもしれない。

ただし、行為者は自己の行為に対してのみ刑事責任を負う、との大原則の例外であることは決して忘れてはならない。刑法上の共犯概念は共謀共同正犯理論も含め、その概念が無制限に拡大解釈されないように配慮された理論なのである。

これに反し「共同謀議」の概念は、個人の刑事責任を拡張しようとする理論と思われる。その適用は慎重でなければならない。

十一　東京裁判が残したものは何か

東京裁判に対しては、勝者が敗者を裁いた、という基本的な枠組みがある。そのため始めから結果は決まっていたようなものだ、ということから、それは単なる儀式にすぎない、という批判がある。判決の結果だけ見るとそう見えるかも知れない。然し、その裁判はこれまでに述べた所から知られる通り、検察も弁護も実に真剣な法廷活動を展開しているし、判事らも特に少数意見を述べた四判事は東京裁判の歴史的な意味を意識していて、傾聴に値する意見を残したのである。

要するに裁判の当事者は全力を尽したのである。その活動を見ると、この裁判を単なる儀式と割り切る気持ちにはなれない。

弁護側の提出した、例えば事後法による裁判は許されない、とか、勝者の行為である米の原爆投下やソ連の違法な参戦は何故裁かれないのか、といった抗弁に対する論争は必ずや将来のこの種の裁判で先例とされ、是正されると思われる。

ところで東京裁判が残したものが何か、という問いに対しては、現在でも東京裁判については見直しが続いていて、当初言われていたような「勝者の裁きである」といった多分に感情的で否定的な意見から、最近は肯定的評価が多くなってきた、という変化が見られる。

そのような中で敢えて私見を述べるのは、難しいのであるが、不完全なものにならざるをえないことを許して頂き、述べてみる。

東京裁判の残したものを評価してみると、次のことを指摘することができる。

(1) 戦勝国が敗戦国指導者を一方的に処刑しなかったこと。言い換えると「戦勝国による敗戦国指導者の一方的な処刑ではなかったこと」。

処刑についても、刑事裁判の形をとったこと（不完全乍ら）。

このことは今後の戦争の総括としての先例となっている。その意義は大きい。

(2) 裁判の形をとることでもたらされたもの。

その一つは戦争や戦争犯罪の何たるかを考えたこと。

戦争犯罪は既存の国際法上の戦争犯罪に加え、平和に対する罪と人道に対する罪を加えた(事後法の批判はあるが)こと。戦争犯罪の概念の中に侵略戦争という概念を持ち込んだこと。

この考えの中には、戦争の中に侵略戦争や自衛戦争等といった概念を持ち込み、戦争の中に質的な違いがあり、かつ許される戦争と許されない戦争のあることを根拠付けようとする狙いがある。その戦争は許されるのか(あらゆる戦争は悪ではないのか)の問題が提起されたことでもある。

ついでに日本の戦争は、米、英などの領土に攻め込んでいないので、それは侵略戦争に該当するのか。

インドやミャンマー、タイ、フィリピンなどは日本を侵略国と認識しているか。日本に侵略されたと認識しているのは中国のみではないか。

ソ連が日本との間で行った戦闘を侵略戦争と言えるのか、と考えると、自衛の為の戦争という語と同様侵略戦争の語も極めてあいまいである。侵略戦争という語は安易に用いられるべきではない。

(3)　裁判に用いられた法規は今後国際法(先例)となること。

戦争や戦争犯罪としての法規範となることは間違いない。（事実上）条約等の形とらなくても、先例として大きな影響力がある。

そして裁判という形式により敗戦国指導者を処刑する、という先例はもはや法規範の域に達している。

その実績（裁判の実質があり、形式ではない）は記録と共に貴重な歴史遺産である。

(4) 戦勝国は戦争目的について弁明する義務を有すること。

戦勝国も裁判を通じて自国が正義であり敗戦国が悪である、と証明することが必要となり弁明した。

その理由付け（戦犯の処罰につきその正当性を主張する必要性）も先例となった。

敗戦国の指導者を処罰するのは、その者達が国民を欺し、誤った戦争に導いたことによる（国民は悪くない。被害者であると位置付ける。すると指導者は処刑を免れない）。

ただ、戦勝国の戦争行為は悪でないのか。その弁明は苦しいはずである。

敗戦国は侵略戦争を遂行したから悪であるという戦勝国の主張も中立国からみると正しいか、の批判もありうる。

日本は米や英の国土に侵略していない（中国には侵略しているが）。それなのに日本は米英らにとって侵略国なのか。その論証は苦しい。戦勝国が自衛の為の戦争、というのも苦しい。自国は攻められていない（真珠湾攻撃でも、日本は領土を侵していない）からである。原子爆弾の投下の弁明はどうなるのか。既存の国際法では非戦闘員に対する攻撃や病院への攻撃（残虐行為といった無差別攻撃）は戦争犯罪である。それなのに原爆投下国は何故裁かれないのか（投下した国が何故裁く側なのか）。

(5)　色々な矛盾や不合理、理不尽があることは事実である。然し、東京裁判は歴史上大きな成果を残した。国際法をそのような平和的紛争解決の努力の歴史であるとみるならば、この第二次世界大戦の総括としてのニュールンベルク及び東京裁判をその歴史の中に位置付けるのは我々法律家の責務であることは余りに明白である。

以上、雑然とした形で東京裁判についての積極的評価を試みたが、戦争を裁判という形で総括する、という発想は、人類が平和に向って前進進歩している、ということを感じさせるものである。

米国のキーナン検事は、太平洋戦争でのアメリカの勝利は文明の勝利である、と言ったとのことである。米国は文明先進国であり、日本は文明の遅れた国である。だから無謀で野蛮な戦争をしたという、いわば見下すような態度ととれるのである。然し、それでも戦争を裁判という形で総括したことは、米国が文明先進国らしく振舞おうとした、と解釈することが出来る。

その批判は措くとして、文明は、そのような思想に導かれて進歩するのかも知れない。英国のチャーチル等が戦争犯罪人は裁判によらず、行政処分で処刑すべし、と主張するのに対し、敢えてそれを抑えて東京裁判を行ったことについて総括すると、それは文明が進歩した確かな証しではないか、と思うのである。

あとがき

浅学非才という言葉がまさにその通りあてはまる私が、我が身を顧みず、無謀にも日本国憲法と平和主義について書くことになったのには特に具体的動機があったわけではない。

法律実務家である弁護士は学者でもないし、素人でもない、その中間的位置に居る者である。その法律実務家の眼から見た憲法や平和について、長い間考えてきたことを書いてみたかった。その時間が与えられた、ということである。

自分自身も含めて、人類は、社会は進歩していると信じたいし、何となく進歩していると信じているのではないか。しかし、本当だろうか、という疑問の声も聞こえてくる。百年前にはなかった核兵器が今はある。爆弾テロやハイジャックも昔はなかった。

その時代をリードする社会思想または価値観によって人類は進歩すると思われるが、平和という面で、人類の進歩を促す思想とはなんだろうか、ということになる。

私は、有力な進歩思想として日本国憲法の掲げる平和主義を挙げたい。戦争放棄、戦力不保持、人類の信じ合う力を強めて平和を構築しようとする画期的な平和思想は今や世界の憲法に影響を及ぼし、その平和思想は世界に広まっている。日本は自衛隊を持っているから憲法九条は死文化している、と思っている人も多いが、そうではない。自衛隊はイラク戦争に派遣されたが戦闘はしなかった。それは憲法九条の力が現実に発揮された場面であった。

このように考えてみると日本国憲法は今や人類共通の精神遺産、文化遺産といってもよい。また、法律家の立場から国際紛争を平和的に解決するために裁判制度を国際社会に導入したいと思うのであるが、その良き先例として東京裁判がある。勿論裁判としては未熟で多くの問題はあるが、将来行なわれる国際裁判を想定するとき、東京裁判は数々の教訓を我々に残している。その意味で東京裁判は良き先例であり後世に伝えるべき遺産のようなものであると思う。

しかし、本書では私の能力を遥かに超えて大きく深い問題にまで議論を拡げすぎてしまった。今でも新たに見出した関連書籍を読むたびに手を入れたくなる、といった具合であるから、一旦この辺りでくぎりをつけようと思う。私が学者であったら今後さらに研究を進めることになるであろうが、それは諦め、この書に啓発される者が居るとすれば、その者に今後の研究を委ねたい。

最後に、本書は福岡県弁護士会北九州部会の弁護士の委員の皆様（この書は私の委員会での一年間のレポートとそれに対し委員の皆様が出された意見が基本になっている）、偶然知人を介して知り合いになったイラストレーターの黒田征太郎氏（黒田さんは全く畑違いの法律家である私の難解な原稿を、平和を愛する者の立場から精読して下さった）と黒田さんに紹介された石風社の福元満治代表（私の原稿を精読され、ここは素人に分かり難い、論理に矛盾はないか、等々の実に卒直で有り難い数々のご指摘と励ましを下さった）のお力添えで完成することが出来たもので、心から感謝しお礼を申しあげる。

この未熟な書が、いささかでも世界を平和に向かって前進させる力を発揮するものとして世に受け容れられることを願うのみである。

＊参考資料

日本国憲法（前文・第九条　英文対訳）

国際連合憲章（抄）

The Constitution of Japan

We, the Japanese People, acting through our duly elected representatives in the National Diet, determined that we shall secure for ourselves and our posterity the fruits of peaceful cooperation with all nations and the blessings of liberty throughout this land, and resolved that never again shall we be visited with the horrors of war through the action of government, do proclaim the sovereignty of the people's will and do ordain and establish this Constitution, founded upon the universal principle that government is a sacred trust the authority for which is derived from the people, the powers of which are exercised by the representatives of the people, and the benefits of which are enjoyed by the people; and we reject and revoke all constitutions, ordinances, laws and rescripts in conflict herewith.

Desiring peace for all time and fully conscious of the high ideals controlling human relationship now stirring mankind, we have determined to rely for our security and survival upon the justice and good faith of the peace-loving peoples of the world. We desire to occupy an honored place in an international society designed and dedicated to the preservation of peace, and the banishment of tyranny and slavery, oppression and intolerance, for all time from the earth. We recognize and acknowledge that all peoples have the right to live in peace, free from fear and want.

We hold that no people is responsible to itself alone, but that laws of political morality are universal; and that obedience to such laws is incumbent upon all peoples who would sustain their own sovereignty and justify their sovereign relationship with other peoples.

To these high principles and purposes we, the Japanese People, pledge our national honor, determined will and full resources.

日本国憲法前文

日本国民は、正当に選挙された国会における代表者を通じて行動し、われらとわれらの子孫のために、諸国民との協和による成果と、わが国全土にわたって自由のもたらす恵沢を確保し、政府の行為によって再び戦争の惨禍が起ることのないようにすることを決意し、ここに主権が国民に存することを宣言し、この憲法を確定する。そもそも国政は、国民の厳粛な信託によるものであって、その権威は国民に由来し、その権力は国民の代表者がこれを行使し、その福利は国民がこれを享受する。これは人類普遍の原理であり、この憲法は、かかる原理に基づくものである。われらは、これに反する一切の憲法、法令及び詔勅を排除する。

日本国民は、恒久の平和を念願し、人間相互の関係を支配する崇高な理想を深く自覚するのであって、平和を愛する諸国民の公正と信義に信頼して、われらの安全と生存を保持しようと決意した。われらは、平和を維持し、専制と隷従、圧迫と偏狭を地上から永遠に除去しようと努めている国際社会において、名誉ある地位を占めたいと思う。われらは、全世界の国民が、ひとしく恐怖と欠乏から免れ、平和のうちに生存する権利を有することを確認する。

われらは、いずれの国家も、自国のことのみに専念して他国を無視してはならないのであって、政治道徳の法則は、普遍的なものであり、この法則に従うことは、自国の主権を維持し、他国と対等関係に立たうとする各国の責務であると信ずる。

日本国民は、国家の名誉にかけ、全力をあげてこの崇高な理想と目的を達成することを誓う。

Chapter II. Renunciation of War

Article 9.

Aspiring sincerely to an international peace based on justice and order, the Japanese people forever renounce war as a sovereign right of the nation and the threat or use of force as means of settling international disputes. (2) In order to accomplish the aim of the preceding paragraph, land, sea, and air forces, as well as other war potential, will never be maintained. The right of belligerency of the state will not be recognized.

第 2 章　戦争の放棄

第九条

1. 日本国民は、正義と秩序を基調とする国際平和を誠実に希求し、国権の発動たる戦争と、武力による威嚇又は武力の行使は、国際紛争を解決する手段としては、永久にこれを放棄する。
2. 前項の目的を達するため、陸海空軍その他の戦力は、これを保持しない。国の交戦権は、これを認めない。

国際連合憲章（抄）

前文

われら連合国の人民は、
われらの一生のうちに二度まで言語に絶する悲哀を人類に与えた戦争の惨害から将来の世代を救い、
基本的人権と人間の尊厳及び価値と男女及び大小各国の同権とに関する信念をあらためて確認し、
正義と条約その他の国際法の源泉から生ずる義務の尊重とを維持することができる条件を確立し、
一層大きな自由の中で社会的進歩と生活水準の向上とを促進すること
並びに、このために、
寛容を実行し、且つ、善良な隣人として互に平和に生活し、
国際の平和及び安全を維持するためにわれらの力を合わせ、
共同の利益の場合を除く外は武力を用いないことを原則の受諾と方法の設定によつて確保し、
すべての人民の経済的及び社会的発達を促進するために国際機構を用いること
を決意して、
これらの目的を達成するために、われらの努力を結集することに決定した。
よつて、われらの各自の政府は、サン・フランシスコ市に会合し、全権委任状を示してそれが良好妥当であると認められた代表者を通じて、この国際連合憲章に同意したので、ここに国際連合という国際機構を設ける。

第一章　目的及び原則

第一条

国際連合の目的は、次のとおりである。

1　国際の平和及び安全を維持すること。そのために、平和に対する脅威の防止及び除去と侵略行為その他の平和の破壊の鎮圧とのため有効な集団的措置をとること並びに平和を破壊するに至る虞のある国際的の紛争又は事態の調整又は解決を平和的手段によつて且つ正義及び国際法の原則に従つて実現すること。
2　人民の同権及び自決の原則の尊重に基礎をおく諸国間の友好関係を発展させること並びに世界平和を強化するために他の適当な措置をとること。
3　経済的、社会的、文化的又は人道的性質を有する国際問題を解決することについて、並びに人種、性、言語又は宗教による差別なくすべての者のために人権及び基本的自由を尊重するように助長奨励することについて、国際協力を達成すること。
4　これらの共通の目的の達成に当つて諸国の行動を調和するための中心となること。

第二条

この機構及びその加盟国は、第一条に掲げる目的を達成するに当つては、次の原則に従つて行動しなければならない。
1　この機構は、そのすべての加盟国の主権平等の原則に基礎をおいている。
2　すべての加盟国は、加盟国の地位から生ずる権利及び利益を加盟国のすべてに保障するために、この憲章に従つて負つている義務を誠実に履行しなければならない。
3　すべての加盟国は、その国際紛争を平和的手段によつて国際の平和及び安全並びに正義を危くしないように解決しなければならない。
4　すべての加盟国は、その国際関係において、武力による威嚇又は武力の行使を、いかなる国の領土保全又は政治的独立に対するものも、また、国際連合の目的と両立しない他のいかなる方法によるものも慎まなければならない。
5　すべての加盟国は、国際連合がこの憲章に従つてとるいかなる行動についても国際連合にあらゆる援助を与え、且つ、国際連合の防止行動又は強制行動の対象となつているいかなる国に対しても援助の供与を慎まなければならない。
6 この機構は、国際連合加盟国でない国が、国際の平和及び安全の維持に必要な限り、これらの原則に従つて行動することを確保しなければならない。
7 この憲章のいかなる規定も、本質上いずれかの国の国内管轄権内にある事項に干渉する権限を国際連合に与えるものではなく、また、その事項をこの憲章に基く解決に付託することを加盟国に要求するものでもない。但し、この原則は、第七章に基く強制措置の適用を妨げるものではない。

第四章 総会

構成

第十一条

1 総会は、国際の平和及び安全の維持についての協力に関する一般原則を、軍備縮少及び軍備規制を律する原則も含めて、審議し、並びにこのような原則について加盟国若しくは安全保障理事会又はこの両者に対して勧告をすることができる。
2 総会は、国際連合加盟国若しくは安全保障理事会によつて、又は第三十五条2に従い国際連合加盟国でない国によつて総会に付託される国際の平和及び安全の維持に関するいかなる問題も討議し、並びに、第十二条に規定する場合を除く外、このような問題について、一若しくは二以上の関係国又は安全保障理事会あるいはこの両者に対して勧告をすることができる。このような問題で行動を必要とするものは、討議の前又は後に、総会によつて安全保障理事会に付託されなければならない。
3 総会は、国際の平和及び安全を危くする虞のある事態について、安全保障理事会の注意を促すことができる。
4 本条に掲げる総会の権限は、第十条の一般的範囲を制限するものではない。

第十二条

1 安全保障理事会がこの憲章によつて与えられた任務をいずれかの紛争又は事態について遂行している間は、総会は、安全保障理事会が要請しない限り、この紛争又は事態について、いかなる勧告もしてはならない。
2 事務総長は、国際の平和及び安全の維持に関する事項で安全保障理事会が取り扱つているものを、その同意を得て、会期ごとに総会に対して通告しなければならない。事務総長は、安全保障理事会がその事項を取り扱うことをやめた場合にも、直ちに、総会又は、総会が開会中でないときは、国際連合加盟国に対して同様に通告しなければならない。

第十四条

第十二条の規定を留保して、総会は、起因にかかわりなく、一般的福祉又は諸国間の友好関係を害する虞があると認めるいかなる事態についても、これを平和的に調整するための措置を勧告することができる。この事態には、国際連合の目的及び原則を定めるこの憲章の規定の違反から生ずる事態が含まれる。

第五章 安全保障理事会

任務及び権限

第二十四条

1 国際連合の迅速且つ有効な行動を確保するために、国際連合加盟国は、国際の平和及び安全の維持に関する主要な責任を安全保障理事会に負わせるものとし、且つ、安全保障理事会がこの責任に基く義務を果すに当つて加盟国に代つて行動することに同意する。
2 前記の義務を果すに当つては、安全保障理事会は、国際連合の目的及び原則に従つて行動しなければならない。この義務を果すために安全保障理事会に与えられる特定の権限は、第六章、第七章、第八章及び第十二章で定める。
3 安全保障理事会は、年次報告を、また、必要があるときは特別報告を総会に審議のため提出しなければならない。

第六章　紛争の平和的解決

第三十三条

1　いかなる紛争でもその継続が国際の平和及び安全の維持を危くする虞のあるものについては、その当事者は、まず第一に、交渉、審査、仲介、調停、仲裁裁判、司法的解決、地域的機関又は地域的取極の利用その他当事者が選ぶ平和的手段による解決を求めなければならない。

2　安全保障理事会は、必要と認めるときは、当事者に対して、その紛争を前記の手段によつて解決するように要請する。

第七章　平和に対する脅威、平和の破壊及び侵略行為に関する行動

第三十九条

安全保障理事会は、平和に対する脅威、平和の破壊又は侵略行為の存在を決定し、並びに、国際の平和及び安全を維持し又は回復するために、勧告をし、又は第四十一条及び第四十二条に従つていかなる措置をとるかを決定する。

第四十条

事態の悪化を防ぐため、第三十九条の規定により勧告をし、又は措置を決定する前に、安全保障理事会は、必要又は望ましいと認める暫定措置に従うように関係当事者に要請することができる。この暫定措置は、関係当事者の権利、請求権又は地位を害するものではない。安全保障理事会は、関係当事者がこの暫定措置に従わなかつたときは、そのことに妥当な考慮を払わなければならない。

第四十一条

安全保障理事会は、その決定を実施するために、兵力の使用を伴わないいかなる措置を使用すべきかを決定することができ、且つ、この措置を適用するように国際連合加盟国に要請することができる。この措置

は、経済関係及び鉄道、航海、航空、郵便、電信、無線通信その他の運輸通信の手段の全部又は一部の中断並びに外交関係の断絶を含むことができる。

第四十二条

安全保障理事会は、第四十一条に定める措置では不充分であろうと認め、又は不充分なことが判明したと認めるときは、国際の平和及び安全の維持又は回復に必要な空軍、海軍又は陸軍の行動をとることができる。この行動は、国際連合加盟国の空軍、海軍又は陸軍による示威、封鎖その他の行動を含むことができる。

第四十三条

1 国際の平和及び安全の維持に貢献するため、すべての国際連合加盟国は、安全保障理事会の要請に基き且つ一又は二以上の特別協定に従つて、国際の平和及び安全の維持に必要な兵力、援助及び便益を安全保障理事会に利用させることを約束する。この便益には、通過の権利が含まれる。

2 前記の協定は、兵力の数及び種類、その出動準備程度及び一般的配置並びに提供されるべき便益及び援助の性質を規定する。

3 前記の協定は、安全保障理事会の発議によつて、なるべくすみやかに交渉する。この協定は、安全保障理事会と加盟国との間又は安全保障理事会と加盟国群との間に締結され、且つ、署名国によつて各自の憲法上の手続に従つて批准されなければならない。

第五十一条

この憲章のいかなる規定も、国際連合加盟国に対して武力攻撃が発生した場合には、安全保障理事会が国際の平和及び安全の維持に必要な措置をとるまでの間、個別的又は集団的自衛の固有の権利を害するものではない。この自衛権の行使に当つて加盟国がとつた措置は、直ちに安全保障理事会に報告しなければならない。また、この措置は、安全保障理事会が国際の平和及び安全の維持又は回復のために必要と認める行動をいつでもとるこの憲章に基く権能及び責任に対しては、いかなる影響も及ぼすものではない。

第八章　地域的取極

第五十二条

1　この憲章のいかなる規定も、国際の平和及び安全の維持に関する事項で地域的行動に適当なものを処理するための地域的取極又は地域的機関が存在することを妨げるものではない。但し、この取極又は機関及びその行動が国際連合の目的及び原則と一致することを条件とする。

2　前記の取極を締結し、又は前記の機関を組織する国際連合加盟国は、地方的紛争を安全保障理事会に付託する前に、この地域的取極又は地域的機関によつてこの紛争を平和的に解決するようにあらゆる努力をしなければならない。

3　安全保障理事会は、関係国の発意に基くものであるか安全保障理事会からの付託によるものであるかを問わず、前記の地域的取極又は地域的機関による地方的紛争の平和的解決の発達を奨励しなければならない。

4　本条は、第三十四条及び第三十五条の適用をなんら害するものではない。

第五十三条

1　安全保障理事会は、その権威の下における強制行動のために、適当な場合には、前記の地域的取極又は地域的機関を利用する。但し、いかなる強制行動も、安全保障理事会の許可がなければ、地域的取極に基いて又は地域的機関によつてとられてはならない。もつとも、本条2に定める敵国のいずれかに対する措置で、第百七条に従つて規定されるもの又はこの敵国における侵略政策の再現に備える地域的取極において規定されるものは、関係政府の要請に基いてこの機構がこの敵国による新たな侵略を防止する責任を負うときまで例外とする。

＊参考文献一覧

『アジア・太平洋戦争』　吉田裕　岩波新書
『戦後を語る』　岩波新書編集部　岩波新書
『日本人はなぜ戦争へと向かったのか』（上・下・戦中編）　ＮＨＫ取材班　ＮＨＫ出版
『国際連合の基礎知識』　国際連合広報局　（八森充訳）　関西学院大学総合政策学部
『国際連合　軌跡と展望』　明石康　岩波新書
『国連とアメリカ』　最上敏樹　岩波新書
『国際法Ⅲ（新版）』　田岡良一　有斐閣
『国際法』　酒井啓亘・寺谷広司・西村弓・濱本正太郎　有斐閣
『戦争論』　多木浩二　岩波新書
『世界の運命』　ポール・ケネディ（山口瑞彦訳）　中公新書
『人類の議会』（上・下）　ポール・ケネディ（古賀林幸訳）　日本経済新聞社
『民族紛争』　月村太郎　岩波新書
『日本国憲法第9条成立の思想的淵源の研究』　河上暁弘　専修大学出版局
『いま日本国憲法は』　小林武・三並敏克編　法律文化社
『憲法講話』　宮沢俊義　岩波新書
『憲法九条の戦後史』　田中伸尚　岩波新書
『「世界の平和憲法」新たな挑戦』　笹本潤　大月書店
『平和の権利を世界に』　笹本潤・前田朗　かもがわ出版

『平和構築・入門』 藤原帰一・大芝亮・山田哲也編 有斐閣
『平和構築』 東大作 岩波新書
『比較憲法(新版)』 辻村みよ子 岩波書店
『英文対訳 日本国憲法』 ちくま学芸文庫 筑摩書房
『資本主義以後の世界』 中谷巌 徳間書店
『東京裁判』(上・下) 児島襄 中公新書
『東京裁判 勝者の裁き』 リチャード・H・マイニア(安藤仁介訳) 福村出版
『東京裁判の教訓』 保阪正康 朝日新書
『東京裁判を正しく読む』 牛村圭・日暮吉延 文春新書
『創られた「東京裁判」』 竹内修司 新潮社
『「東京裁判」を読む』 半藤一利・保坂正康・井上亮 日本経済新聞出版社
『東京裁判、戦争責任、戦後責任』 大沼保昭 東信堂
『東京裁判を再評価する』 N・ボイスター、R・クライヤー(岡田良之助訳) 日本評論社
『そうだったのか！日本現代史』 池上彰 集英社文庫
『BC級戦犯裁判』 林博史 岩波新書
『東京裁判における通訳』 武田珂代子 みすず書房
『パール判事 東京裁判批判と絶対平和主義』 中島岳志 白水社
『パル判事 インド・ナショナリズムと東京裁判』 中里成章 岩波新書
『東京裁判 フランス人判事の無罪論』 大岡優一郎 文春新書
『非武装のPKO NGO非暴力平和隊の理念と活動』 君島東彦編著 明石書店

清原雅彦（きよはら まさひこ）

昭和13年 大連に生まれる
昭和35年 京都大学法学部卒業
昭和42年 弁護士登録（福岡県弁護士会所属）
昭和62年～平成元年 日弁連理事、福岡県弁護士会副会長
平成6年 司法制度調査会副委員長
平成7年 九州弁護士会連合会理事長
平成8年～9年 弁護士推薦委員会委員
平成13年～16年 高齢者障害者の権利に関する委員会委員長
平成17年～23年 福岡県教育委員会委員長
平成18年～22年 日本司法支援センター福岡地方事務所北九州支部支部長
北九州交響楽団名誉団長

連絡先 弁護士法人リベラ
〒802-0004 北九州市小倉北区鍛冶町1-1-1

日本国憲法の平和主義
――法律実務家の視点から

二〇一三年十一月三日初版第一刷発行

著者 清原雅彦
発行者 福元満治
発行所 石風社
福岡市中央区渡辺通二―三―二十四
電話 〇九二（七一四）四八三八
FAX 〇九二（七二五）三四四〇

印刷製本 シナノパブリッシングプレス